CAT FACE

COLORING BOOK

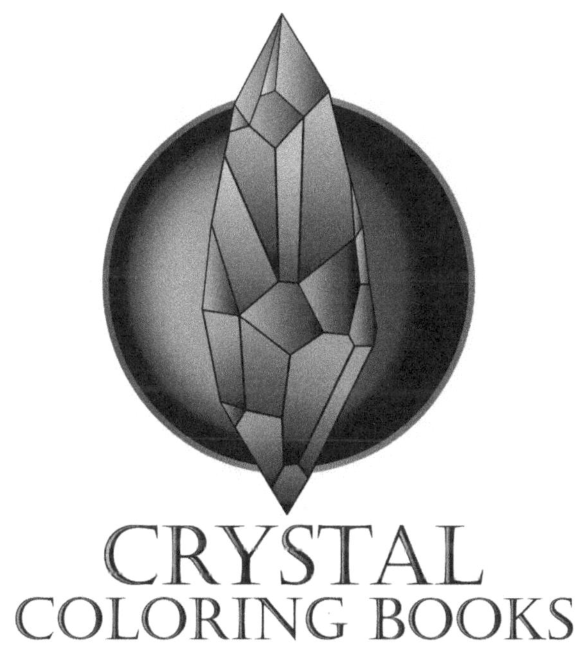

ISBN-13:978-1726125802
ISBN-10: 1726125807

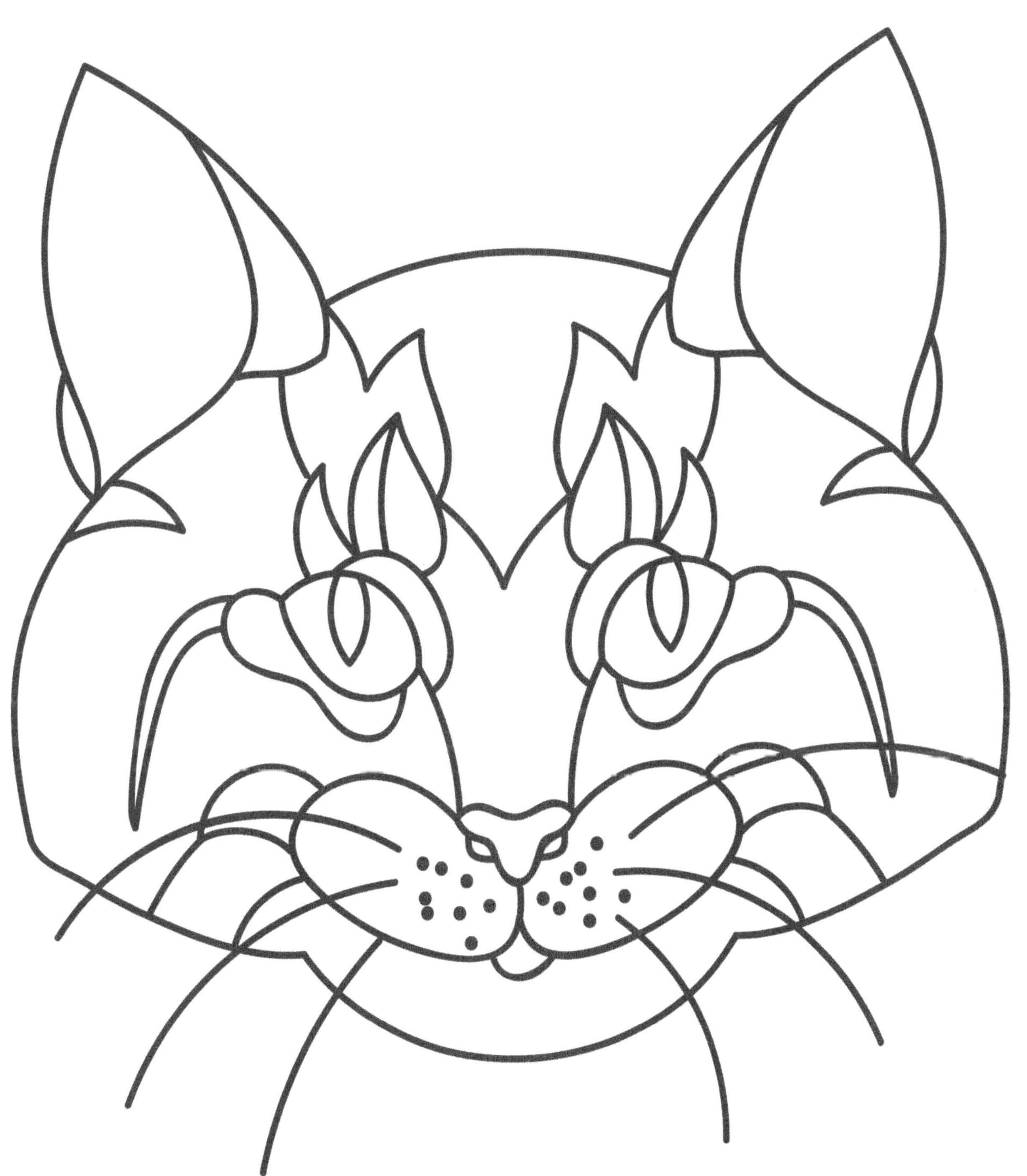

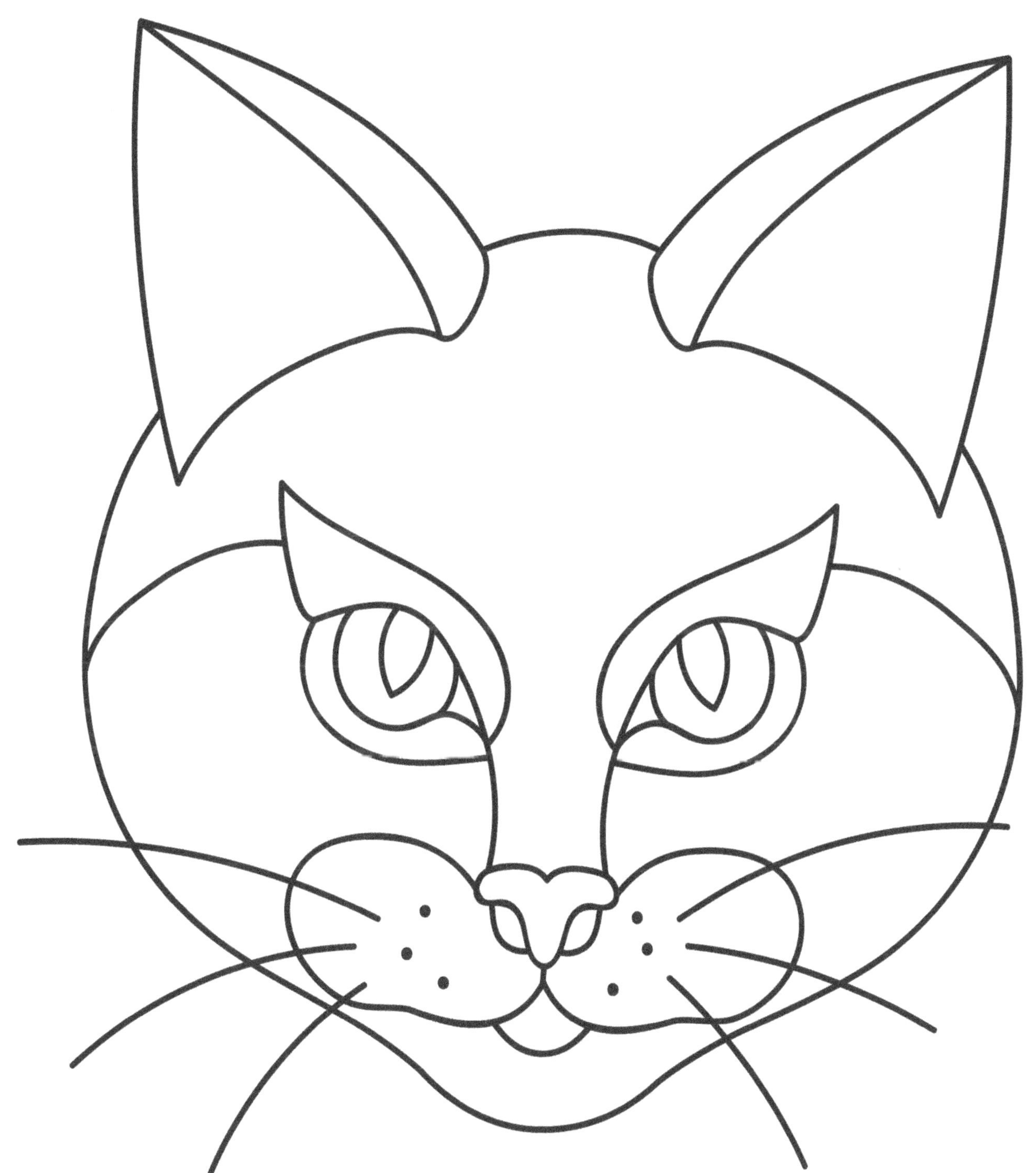

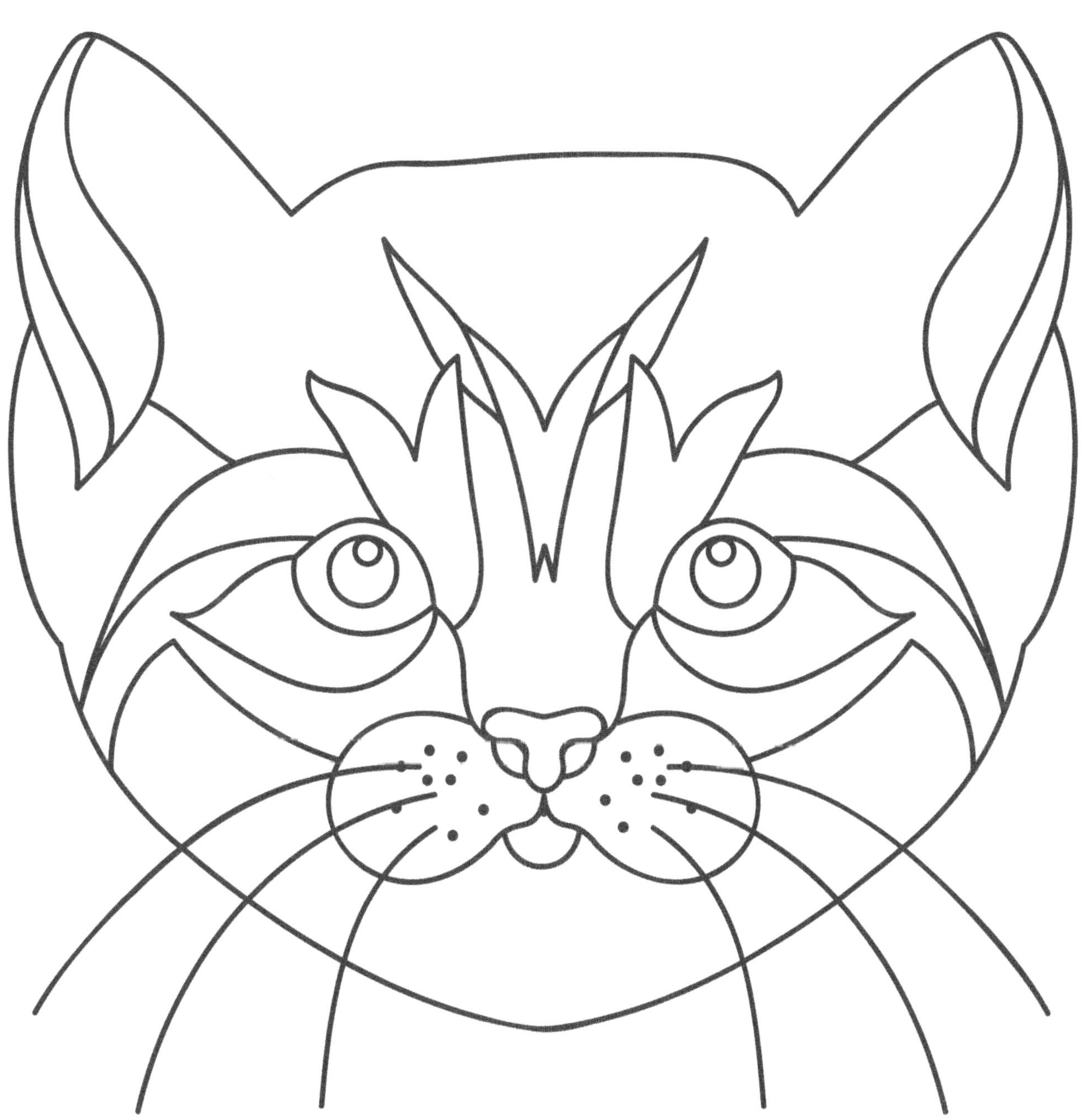

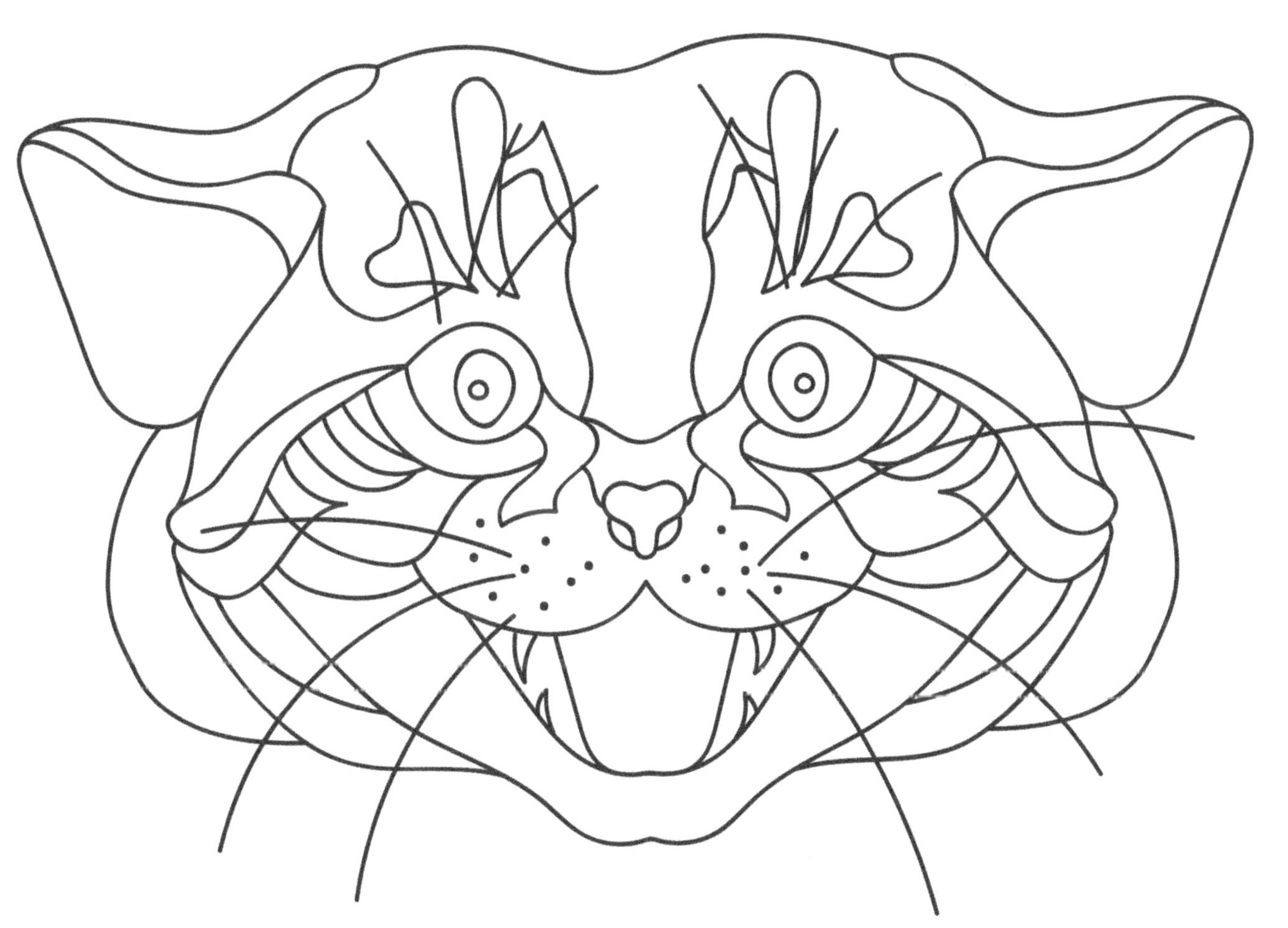

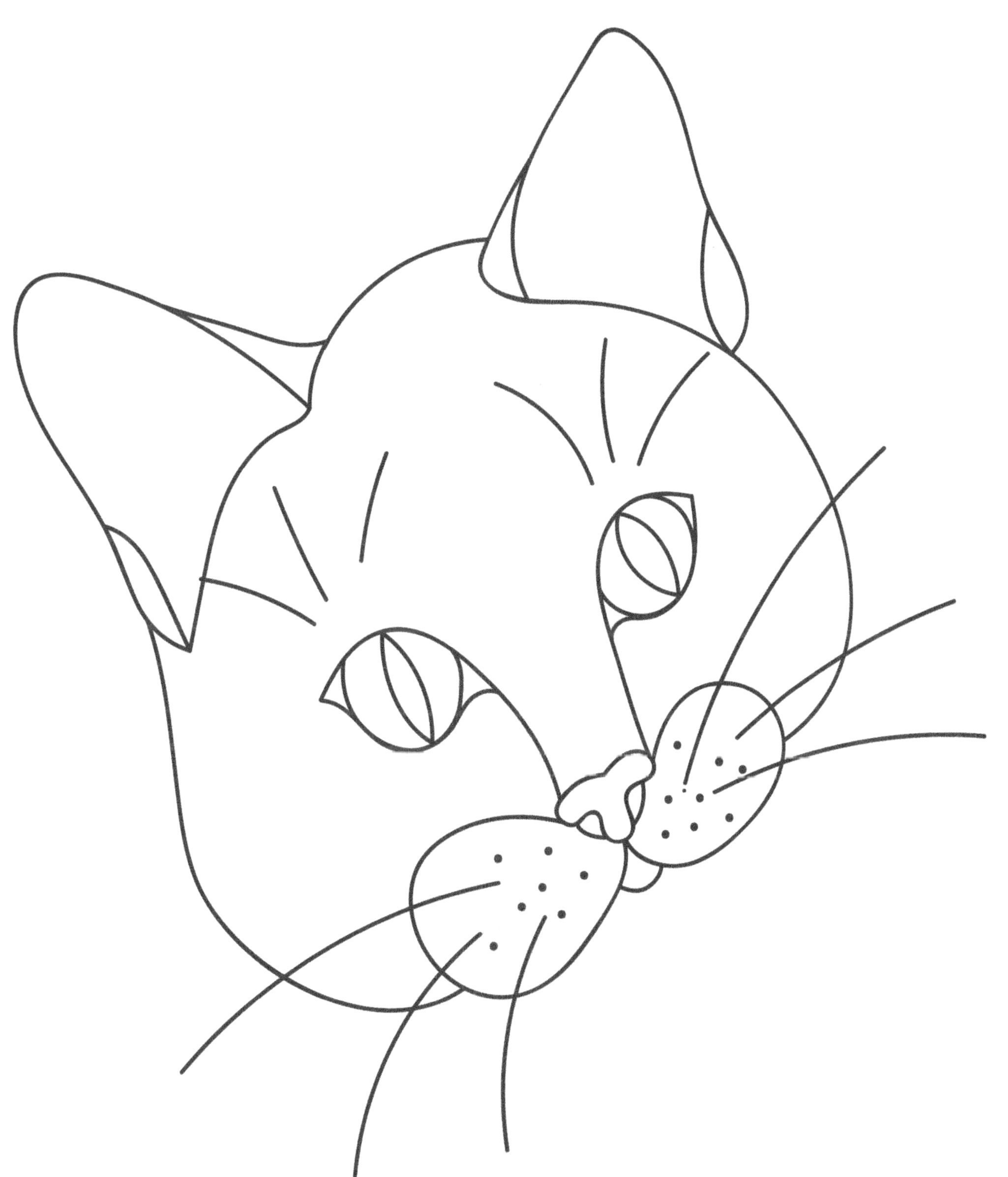

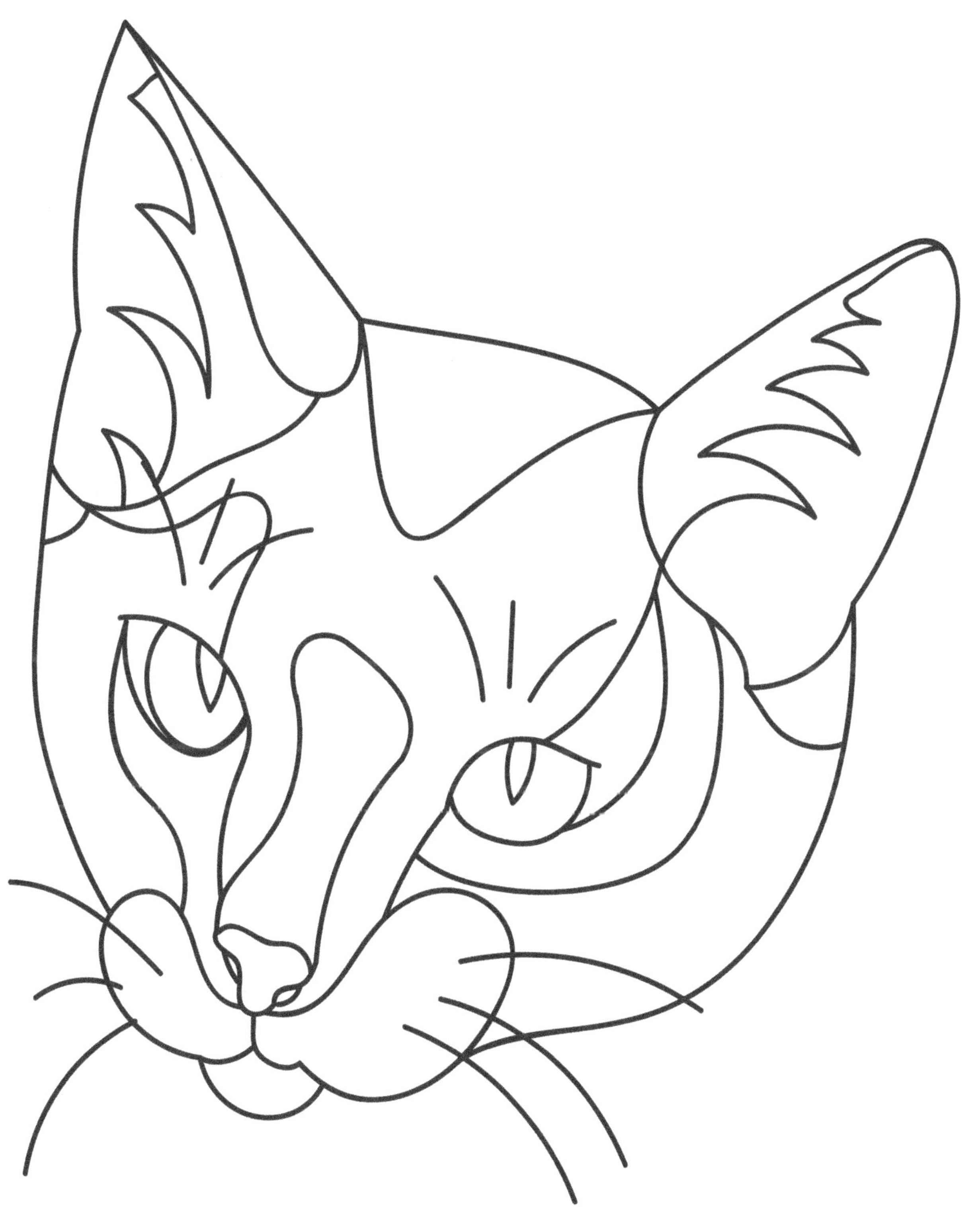

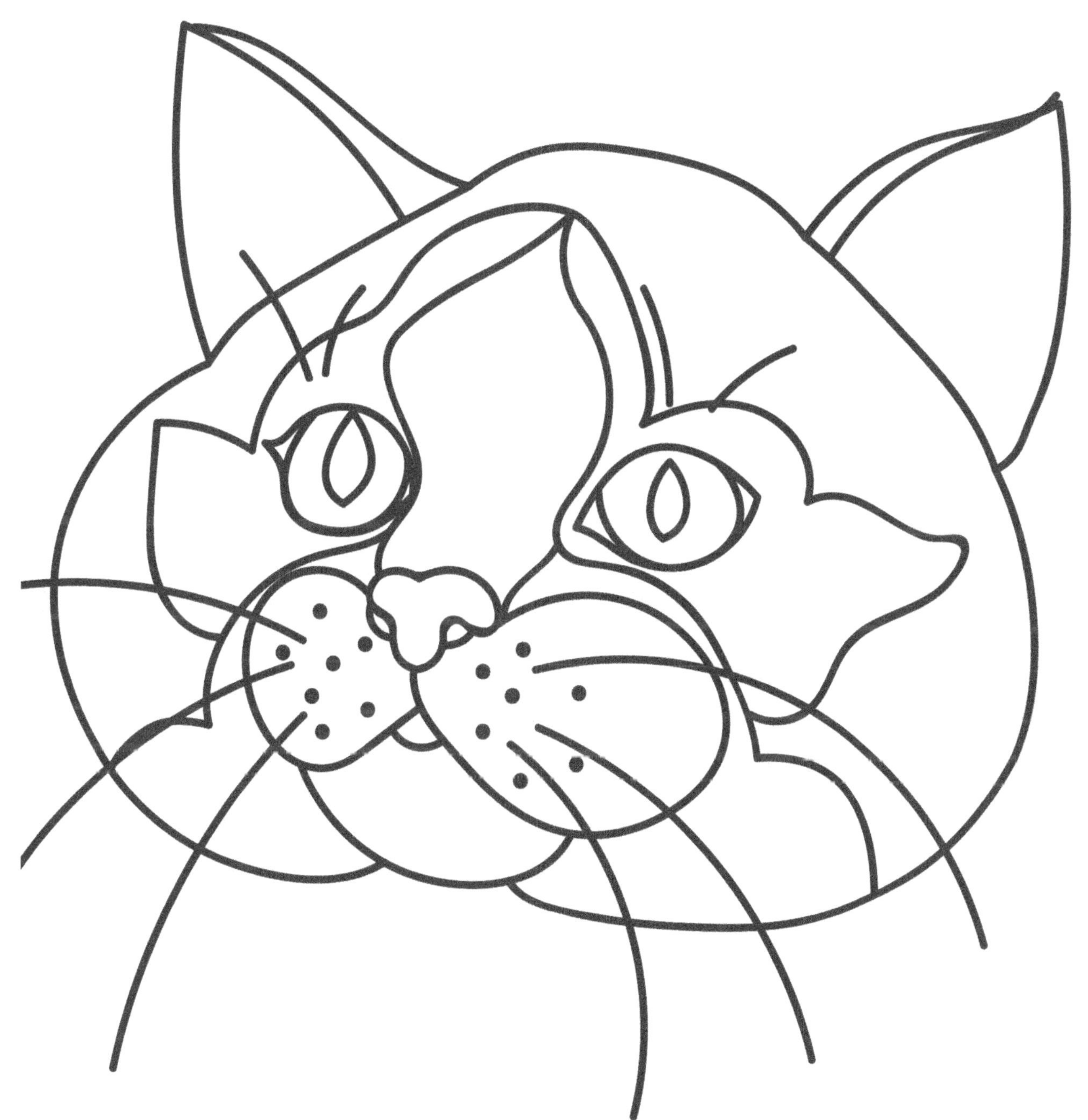

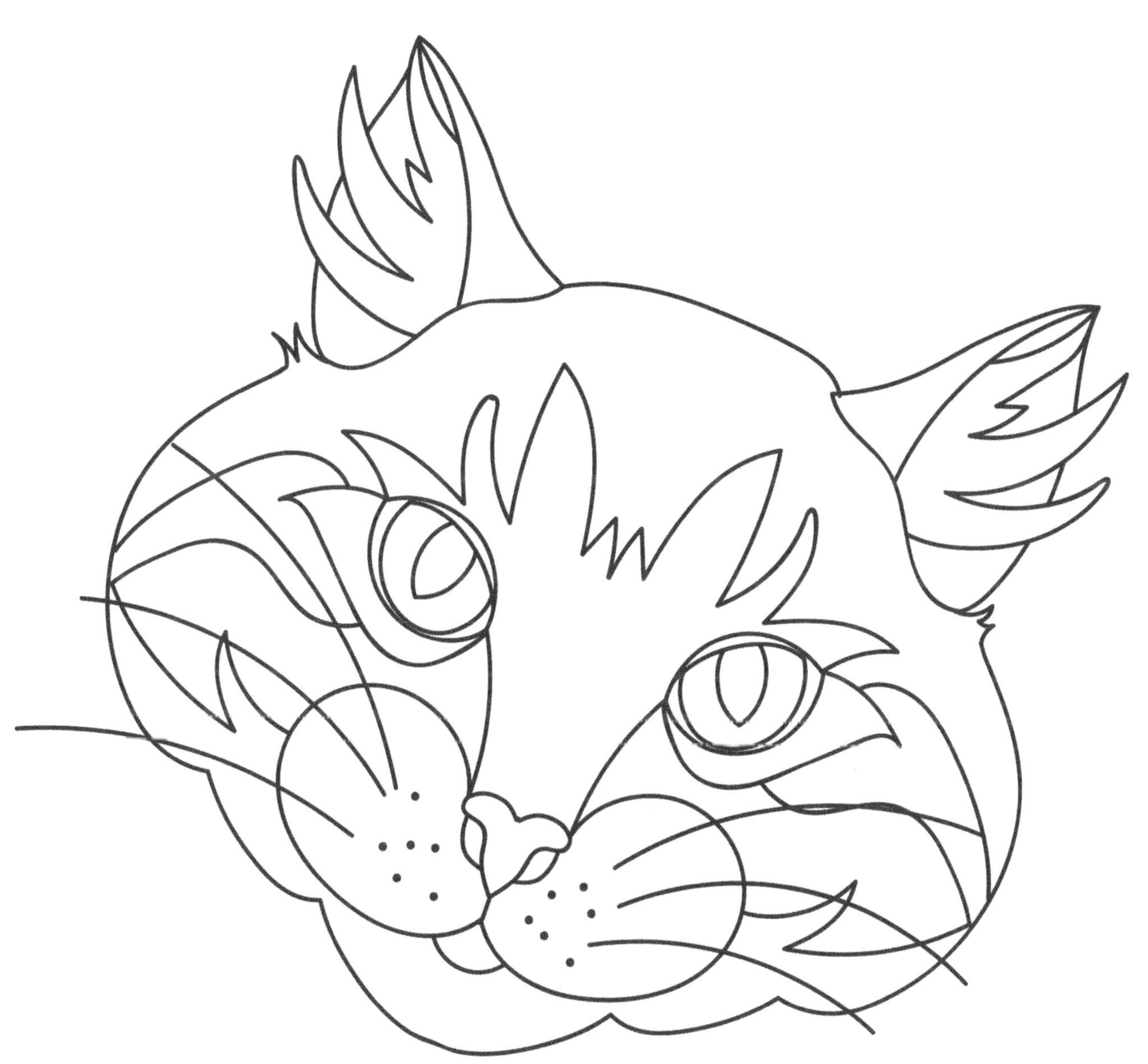

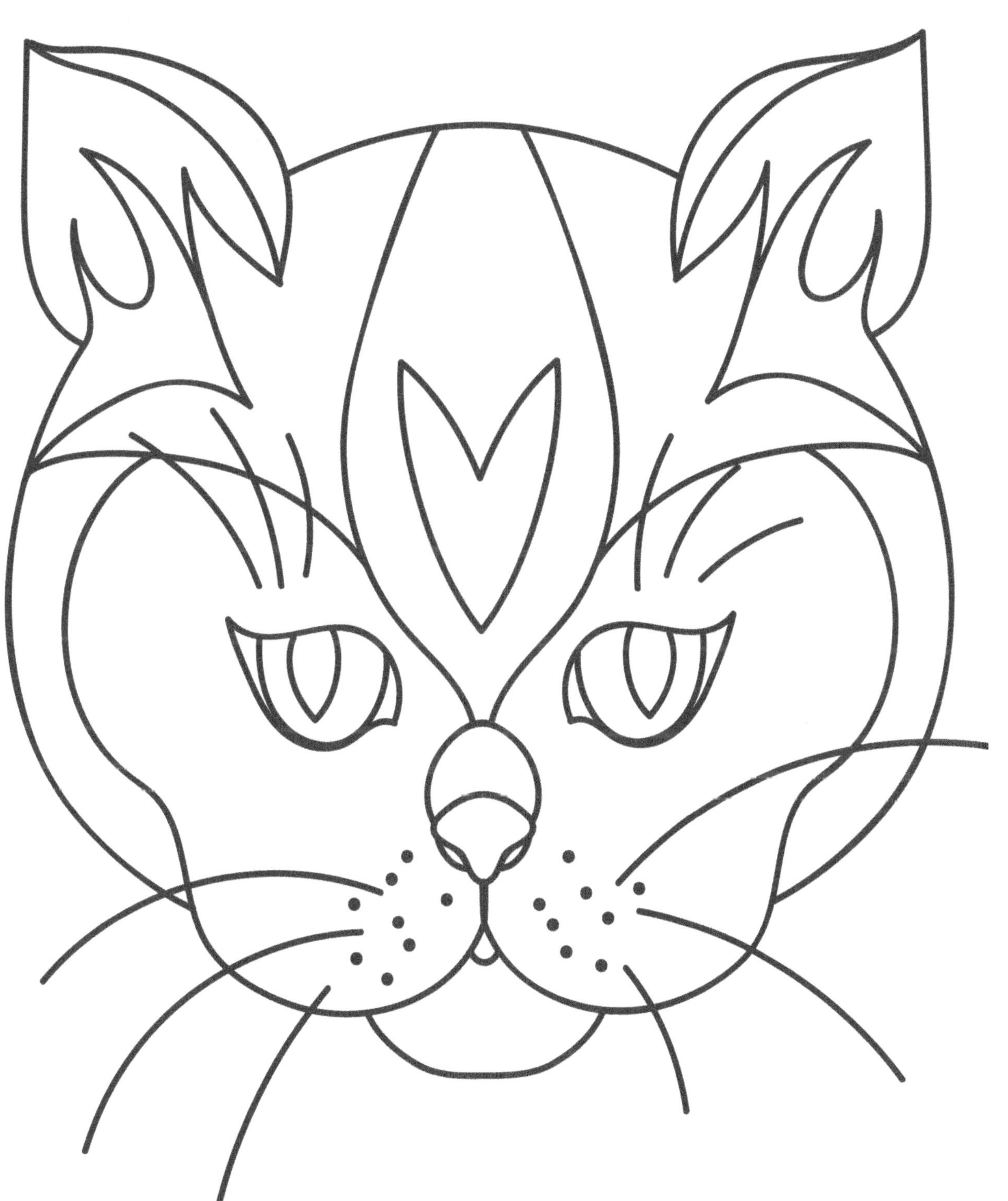

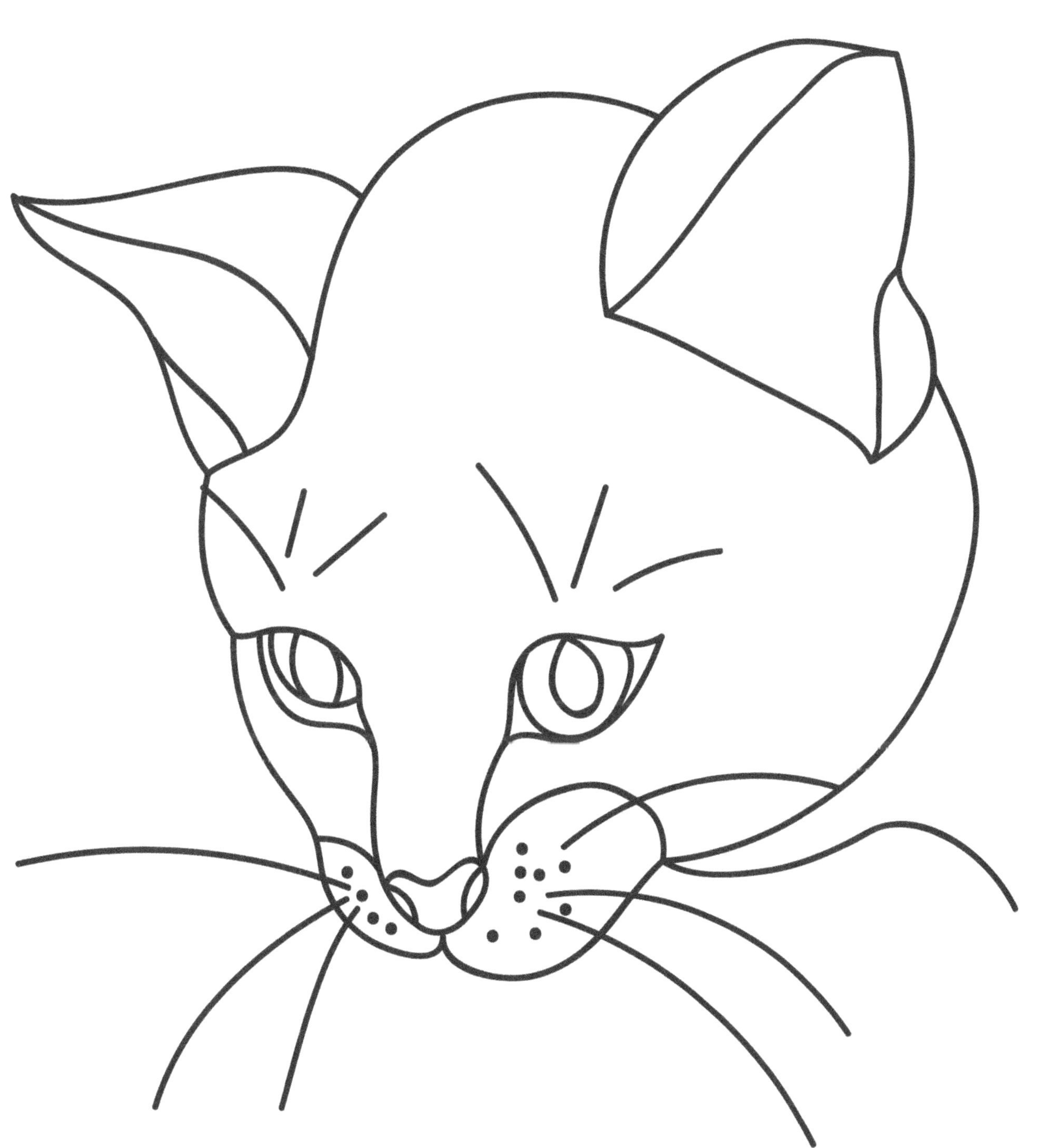

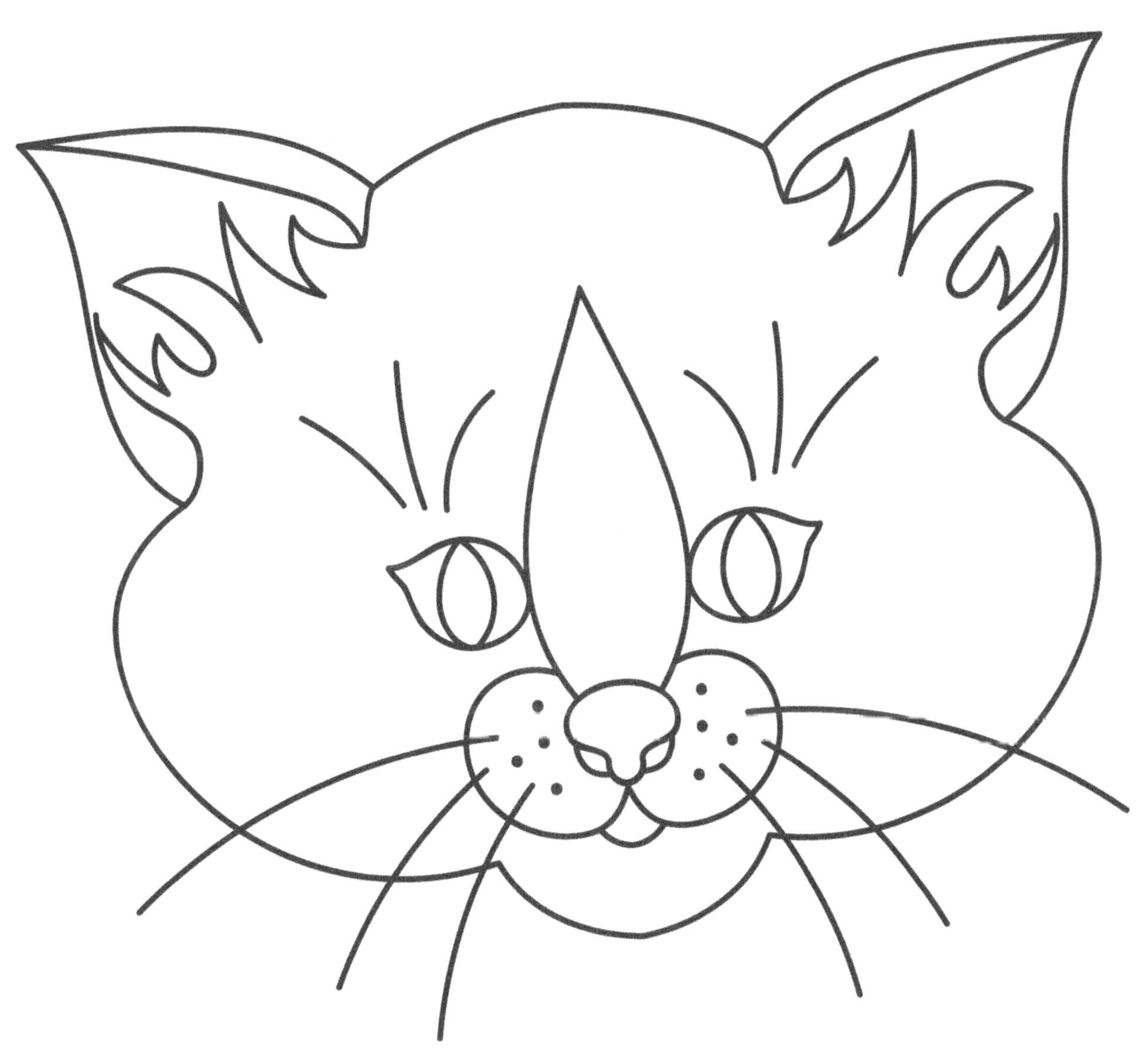

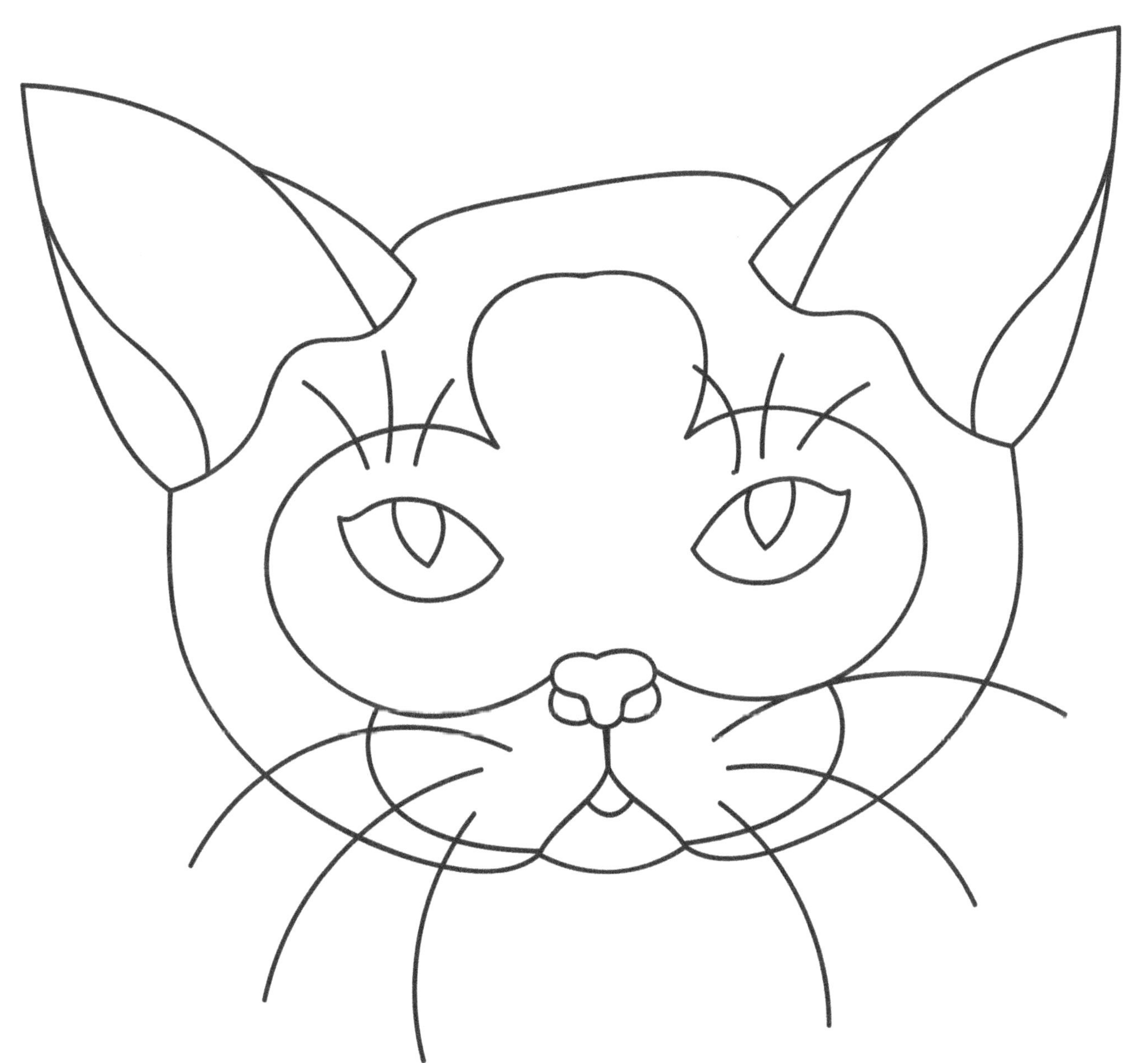

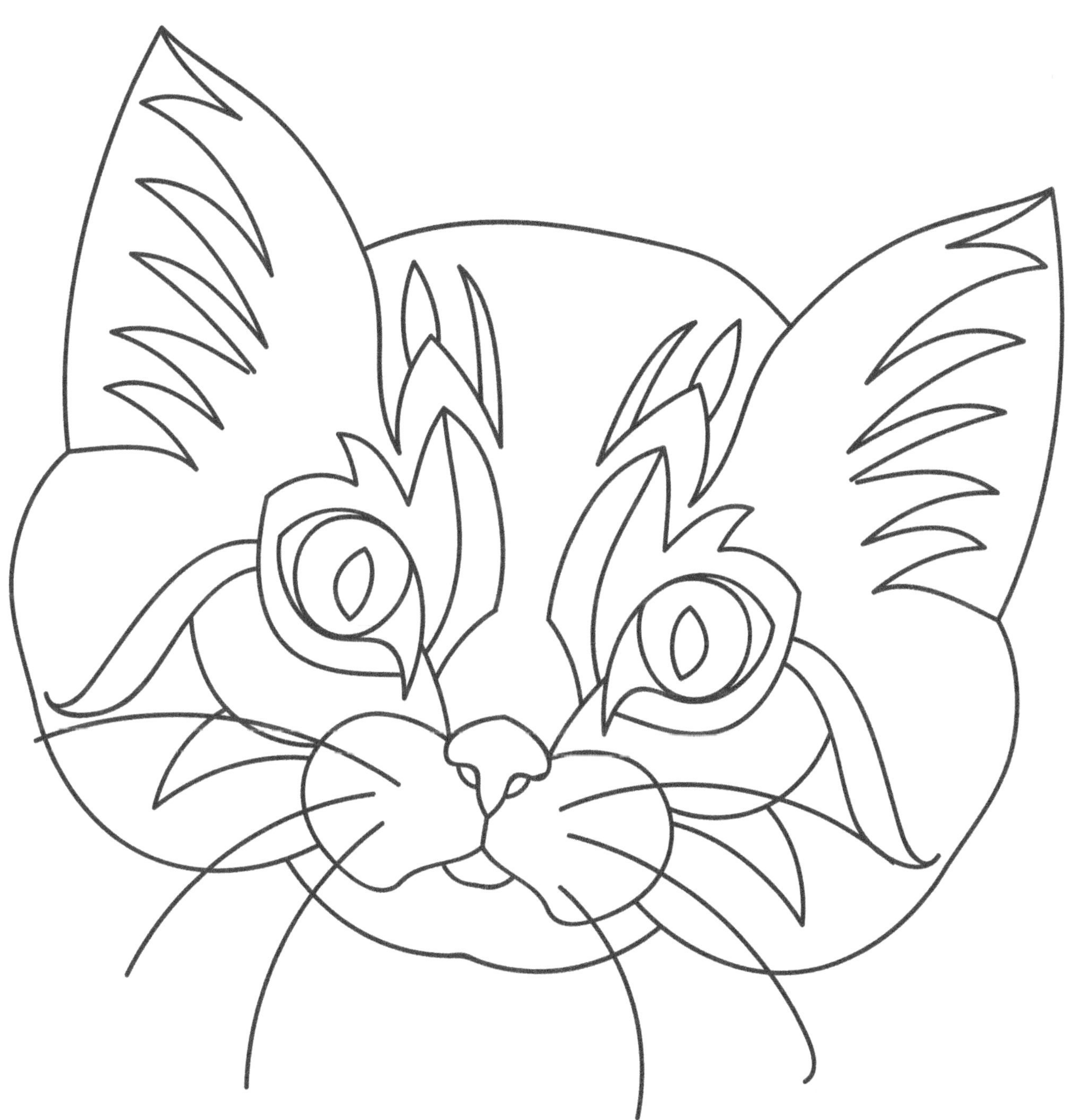

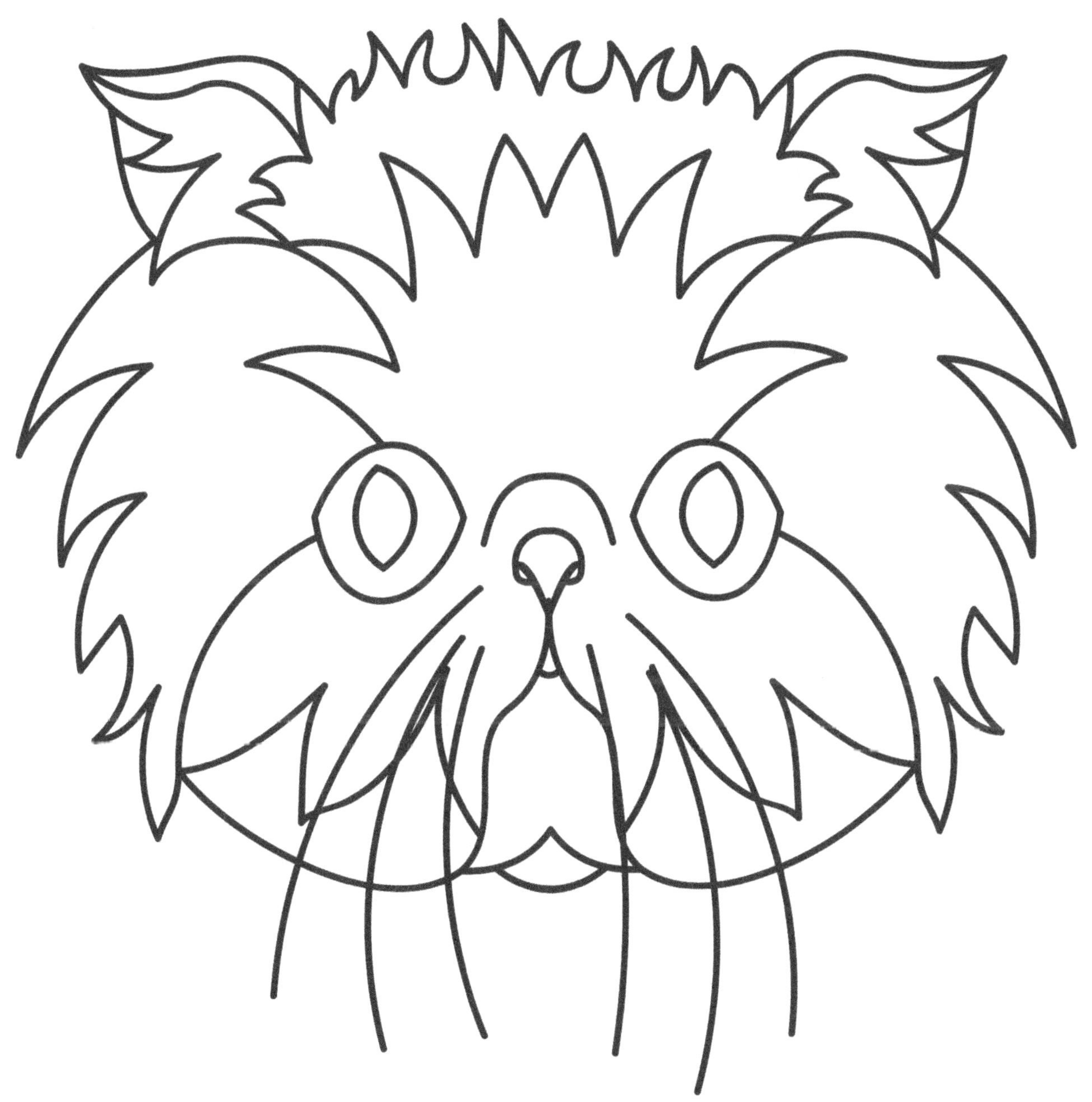

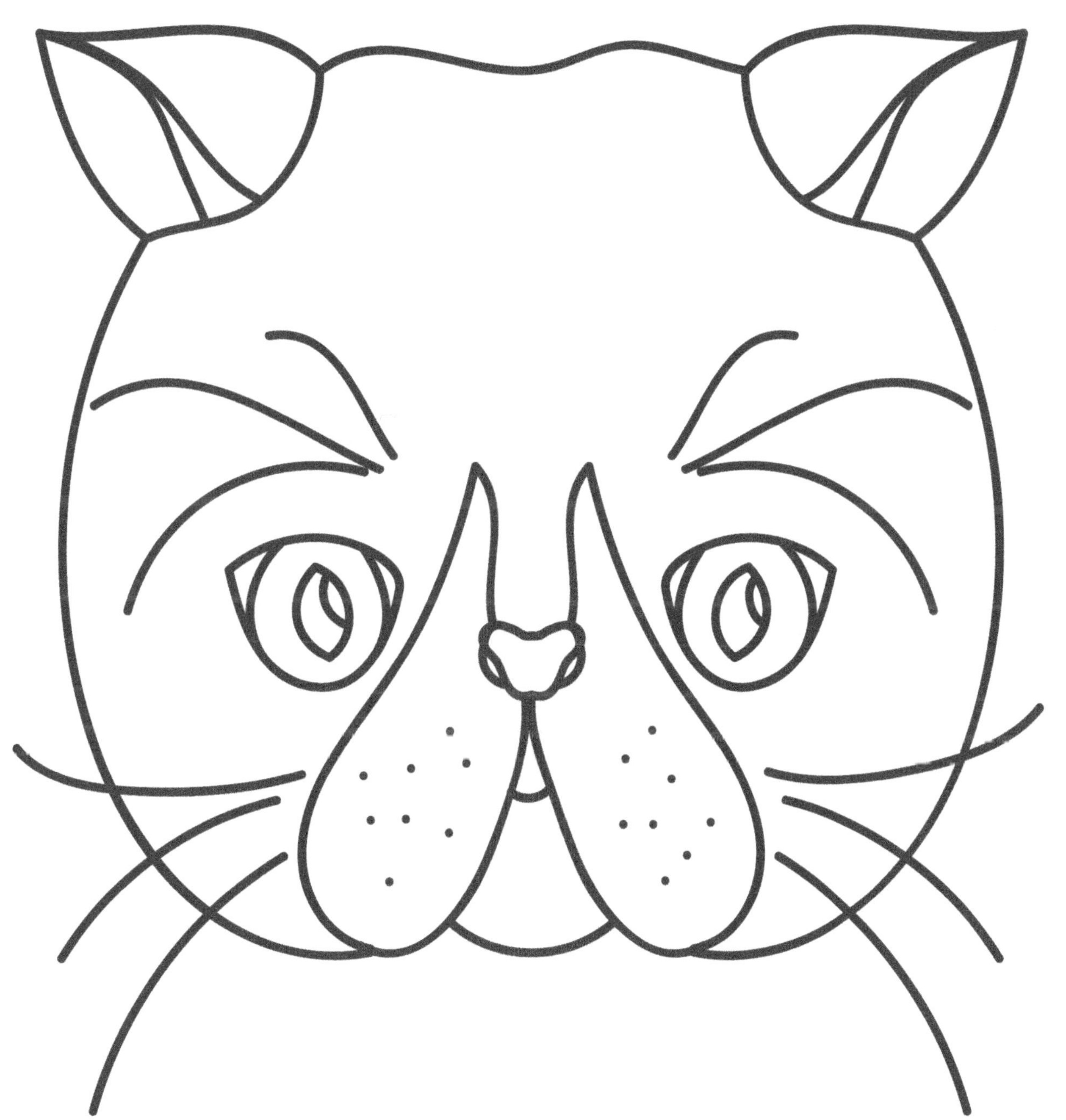

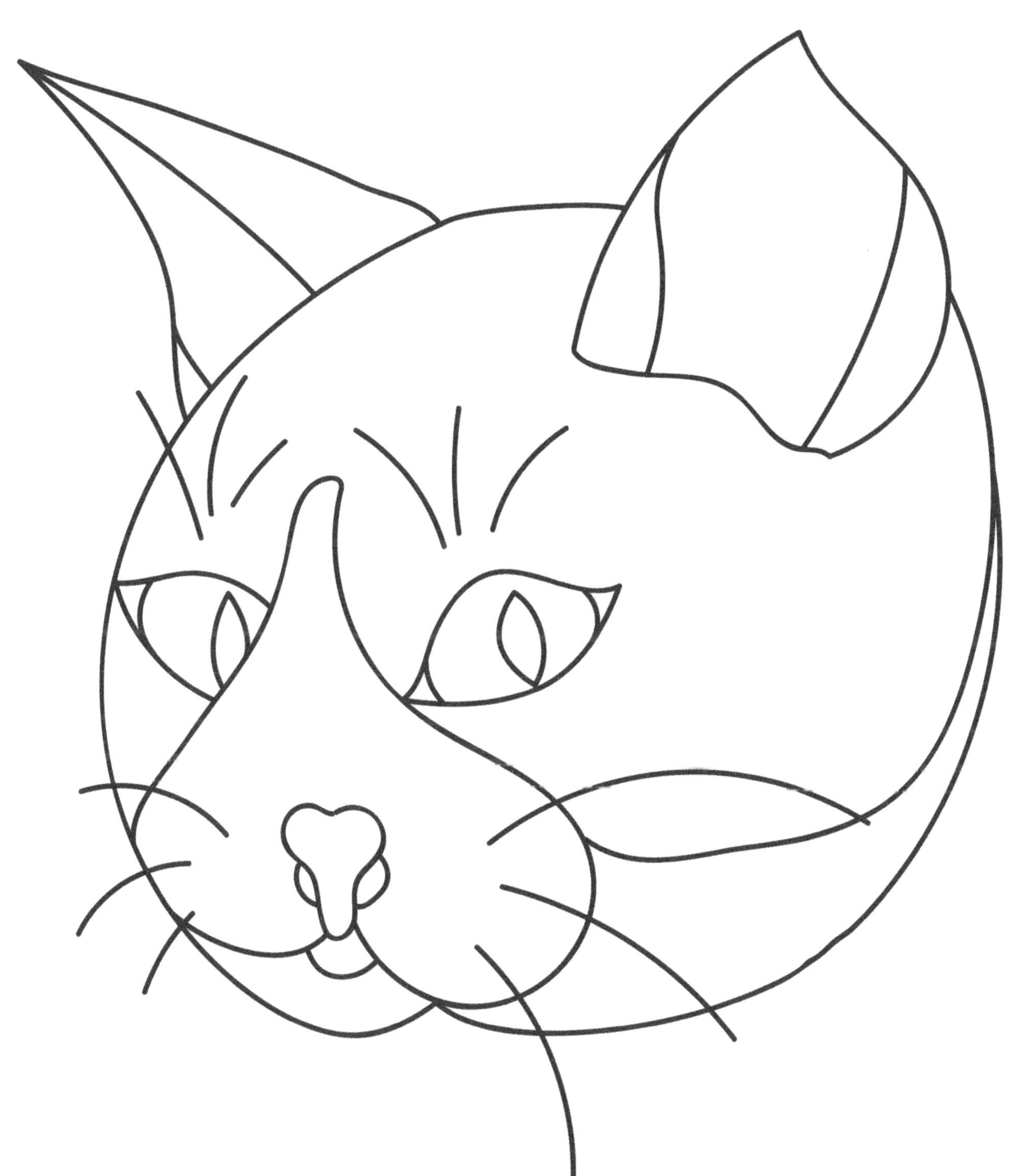

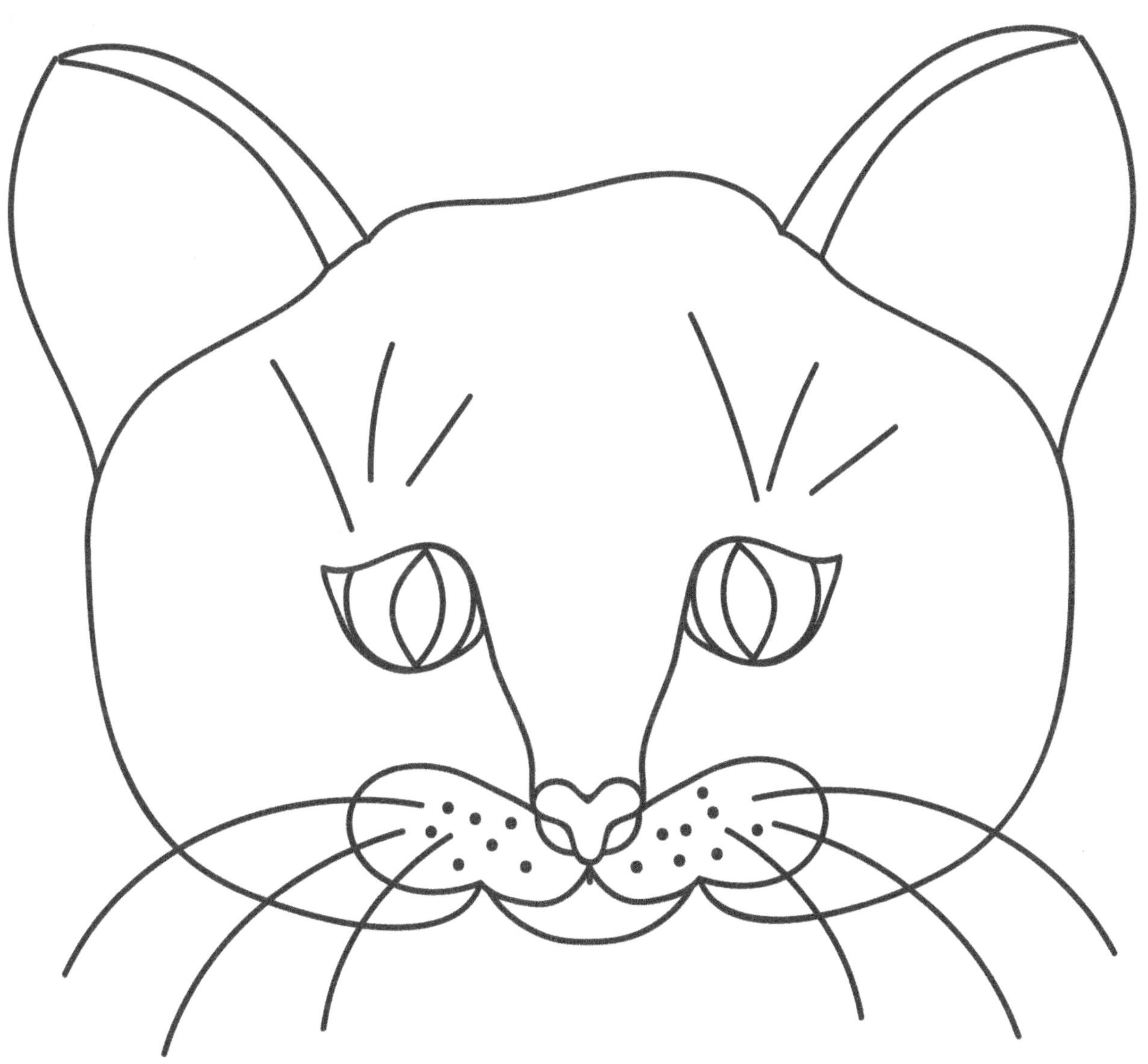

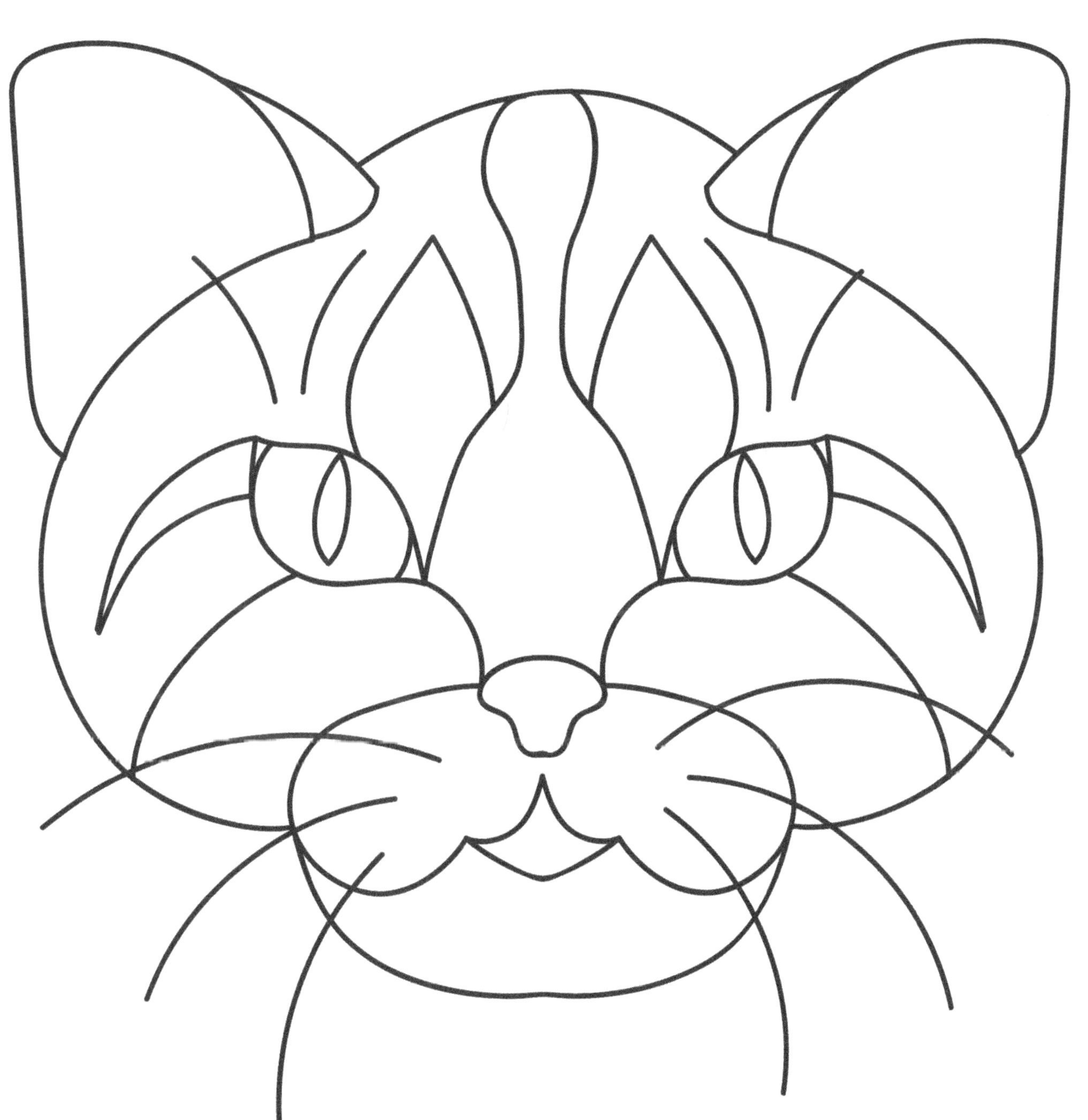

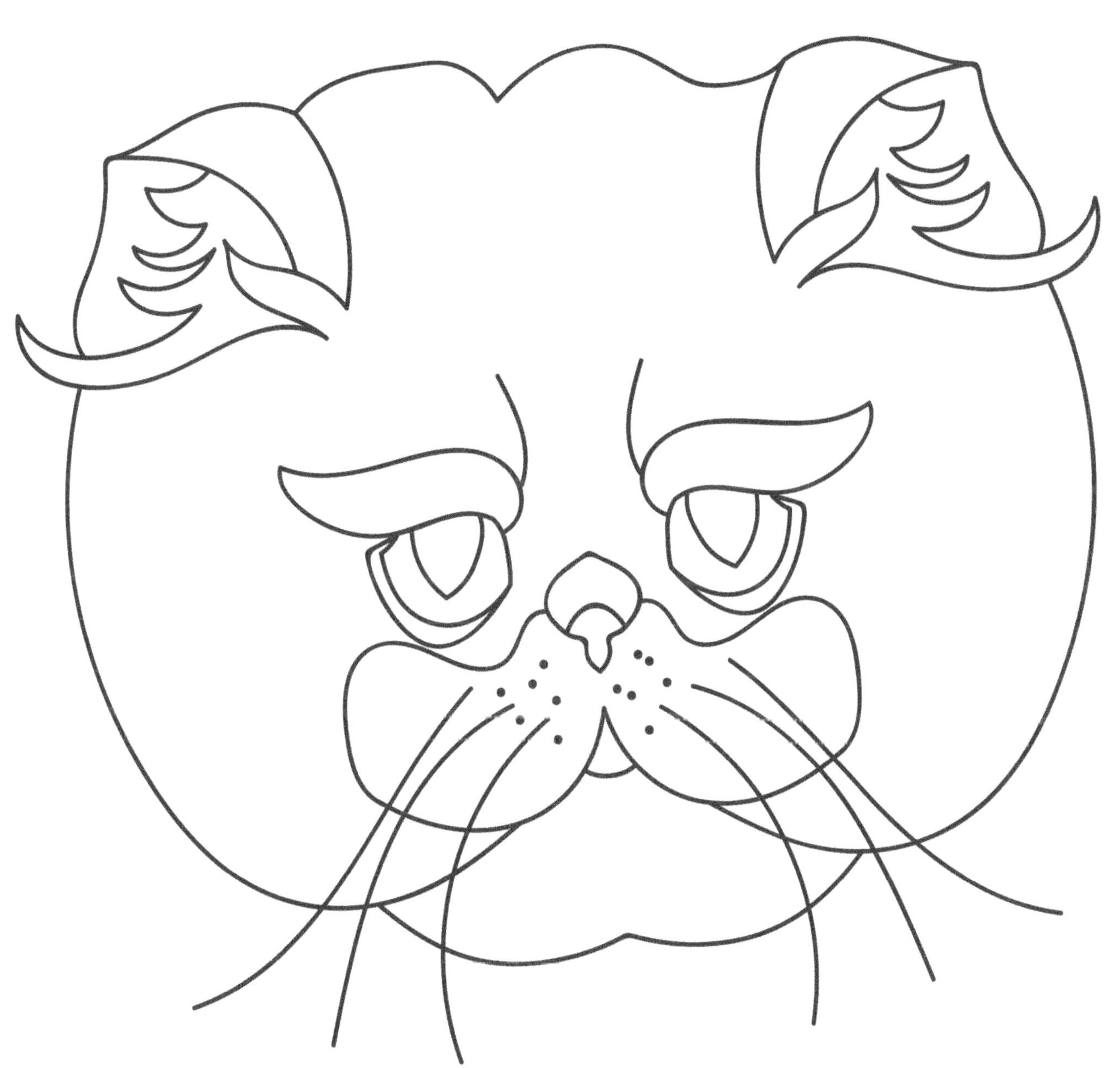

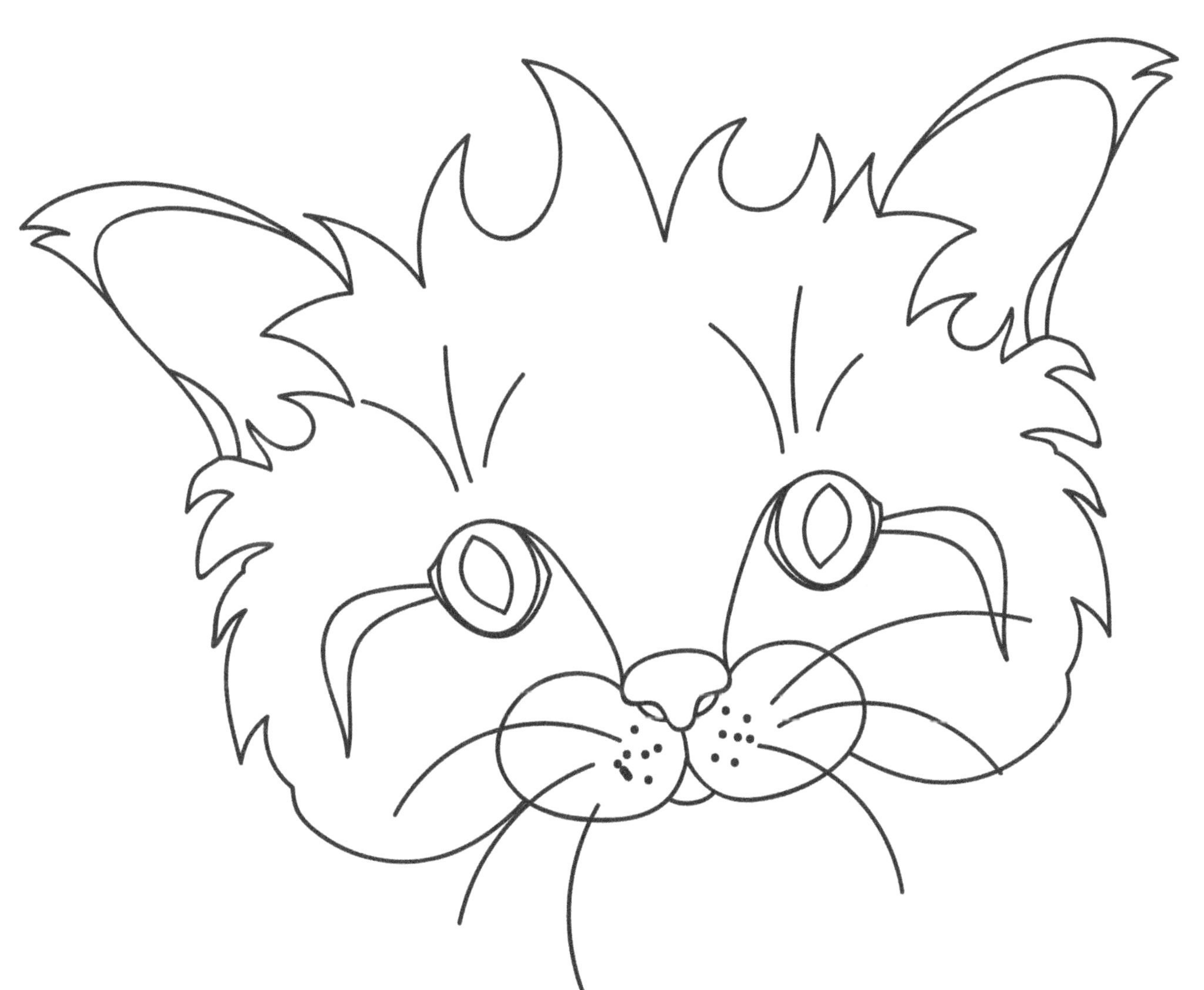

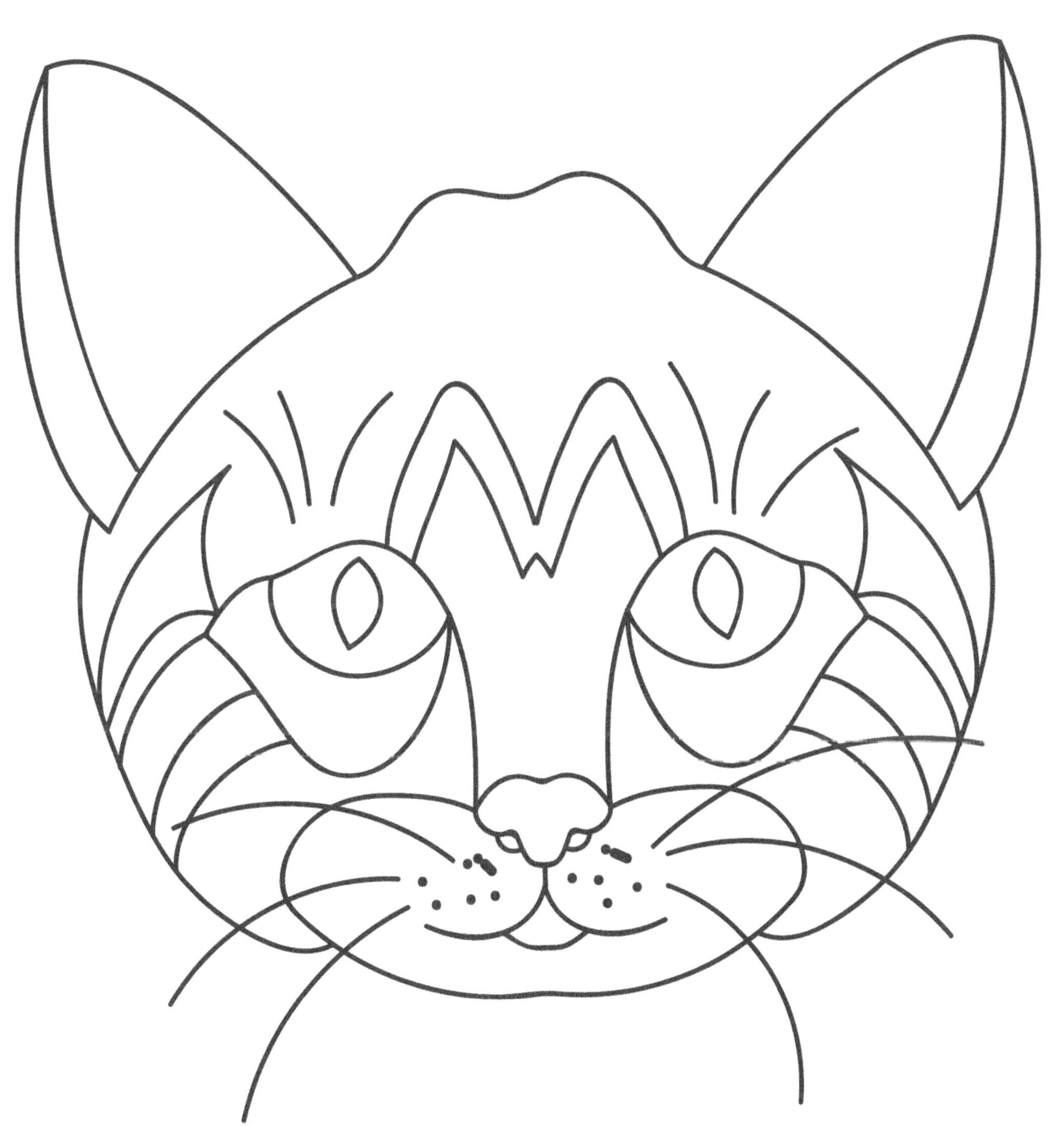

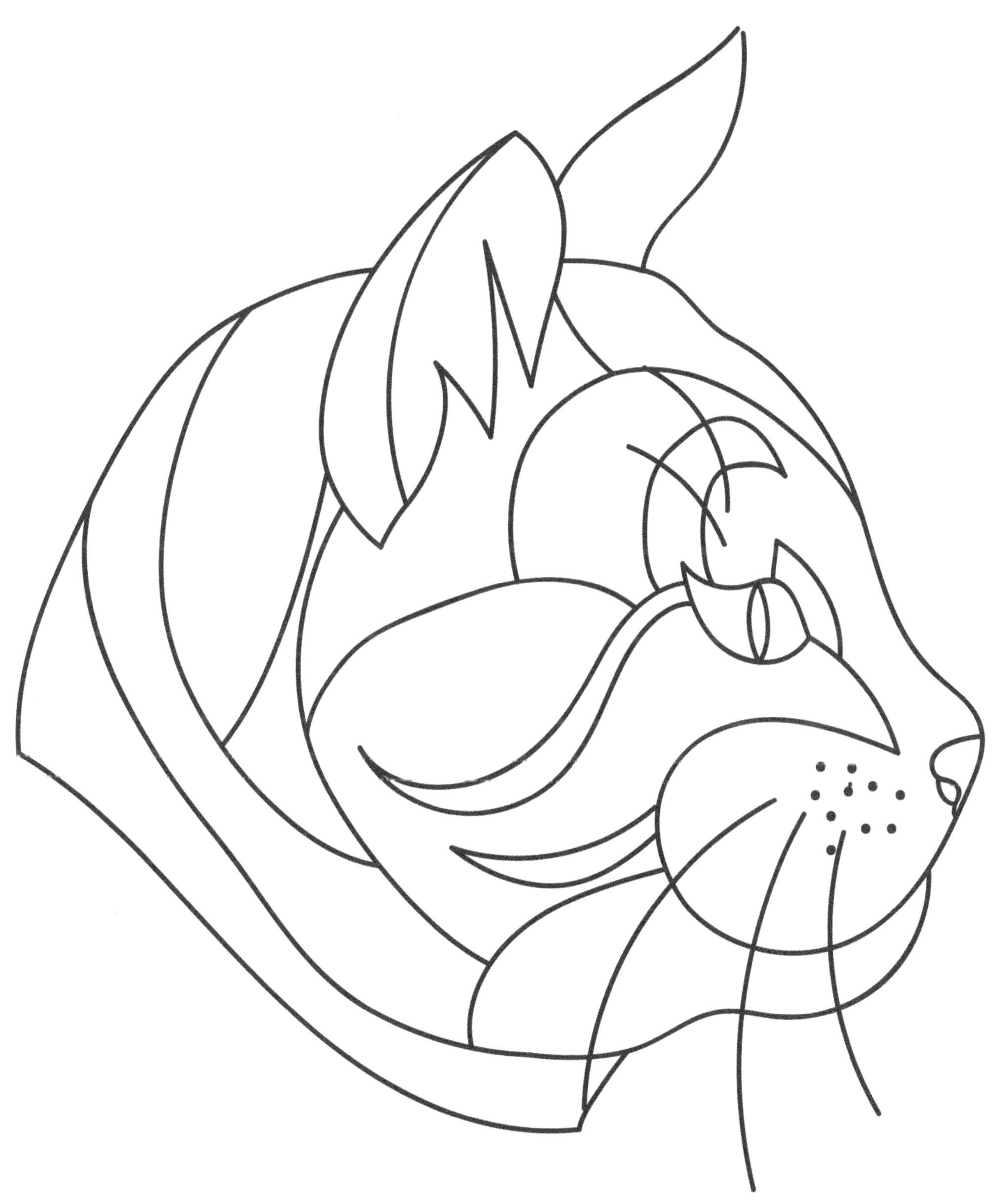

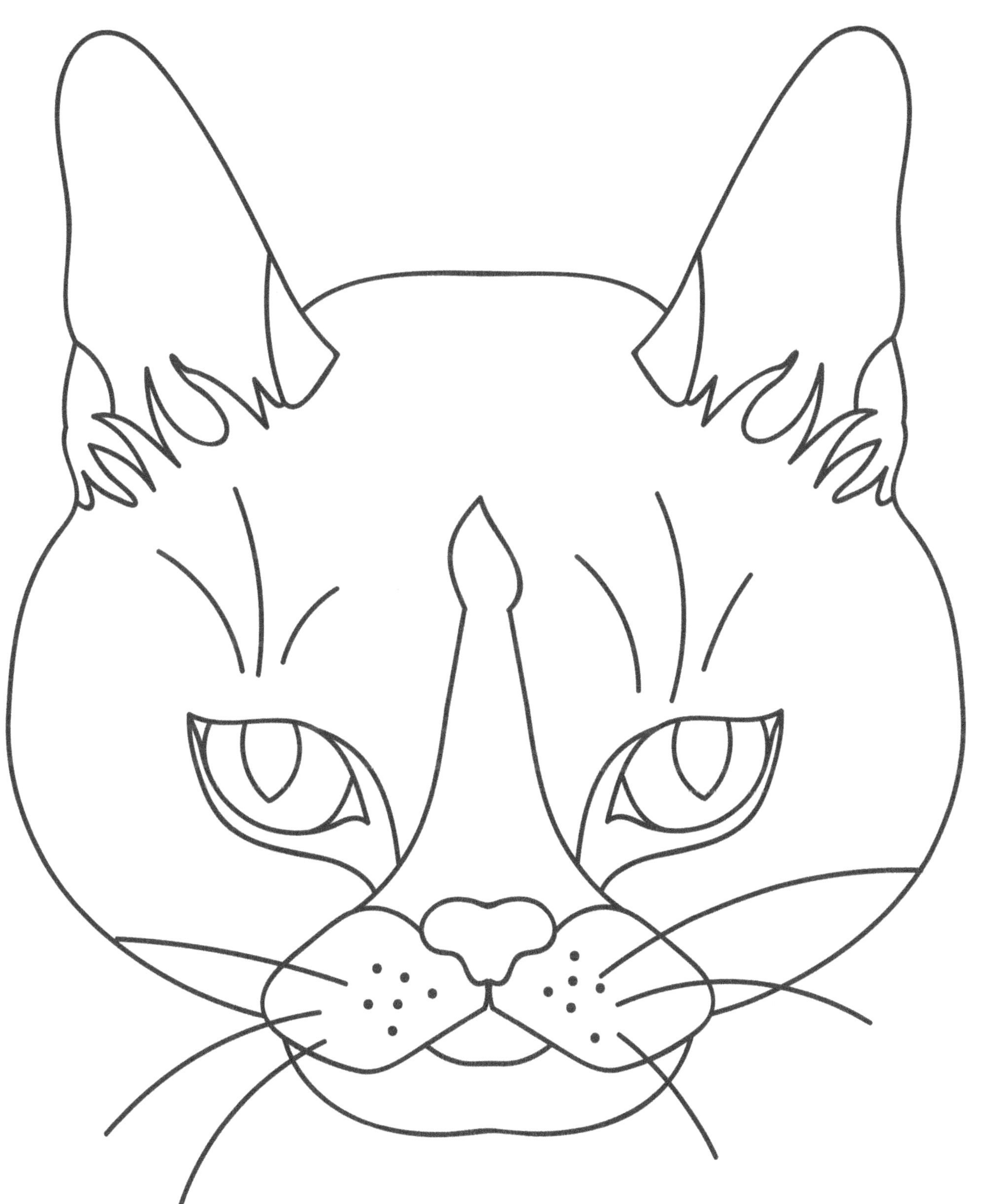

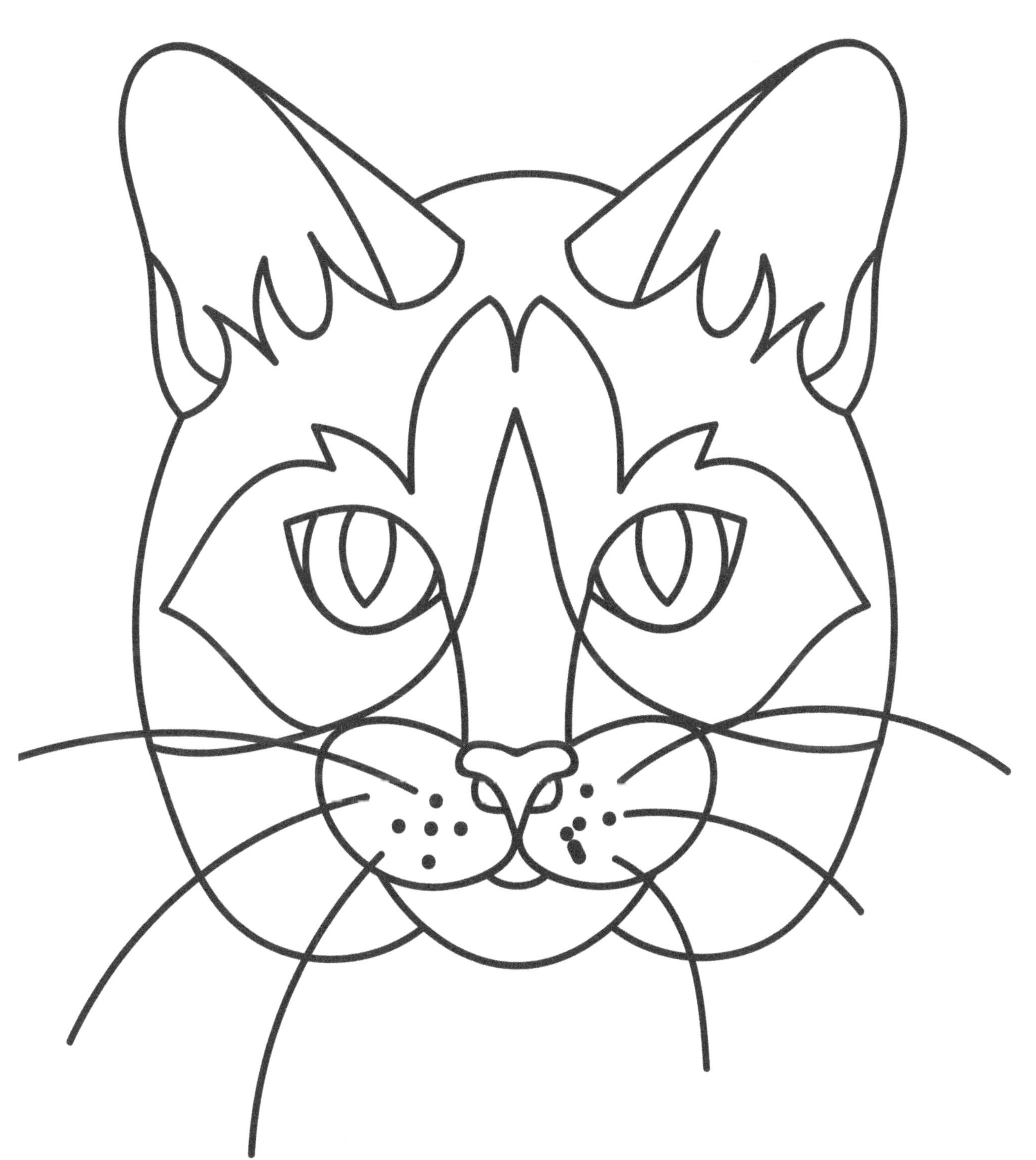

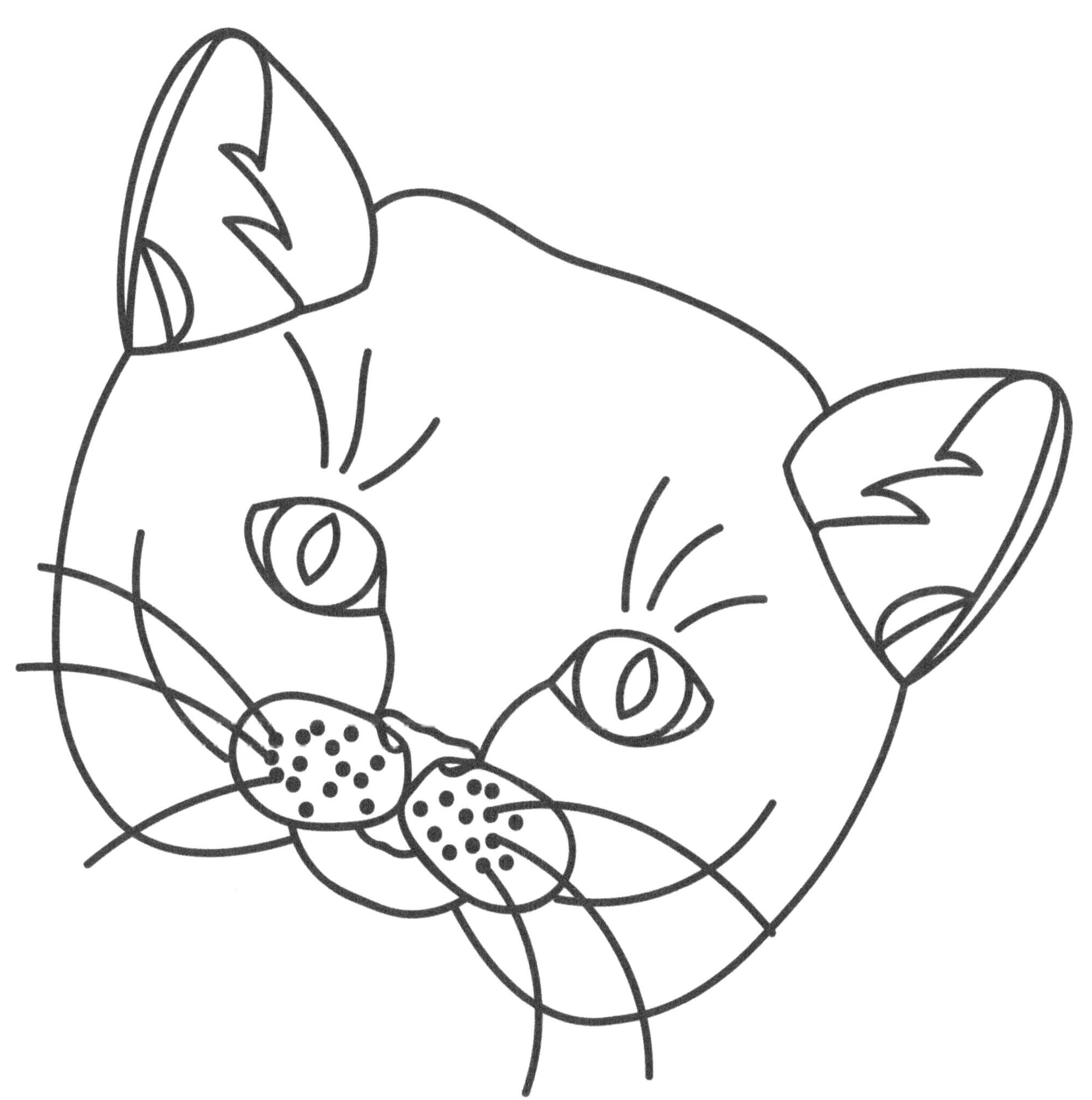

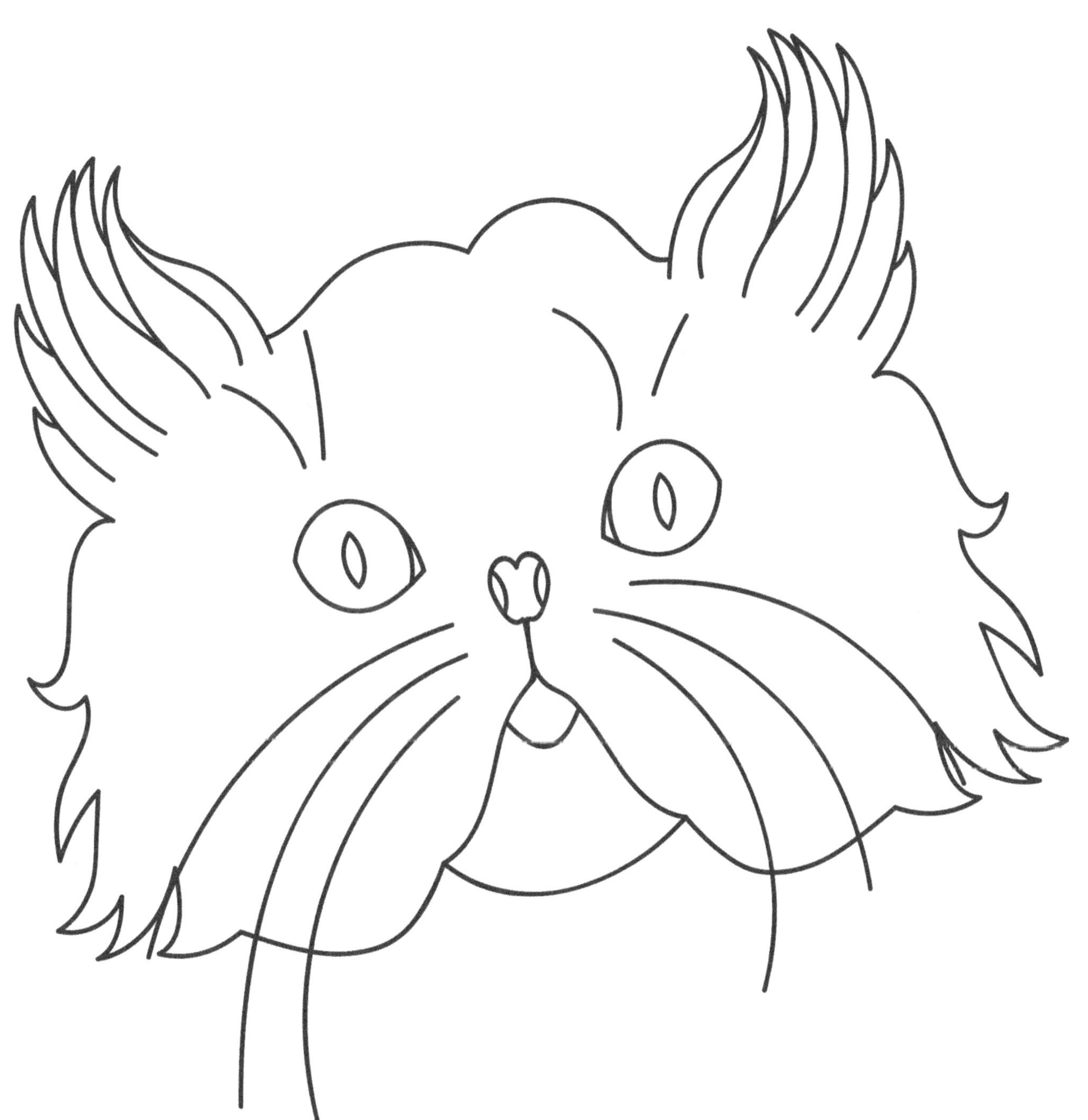

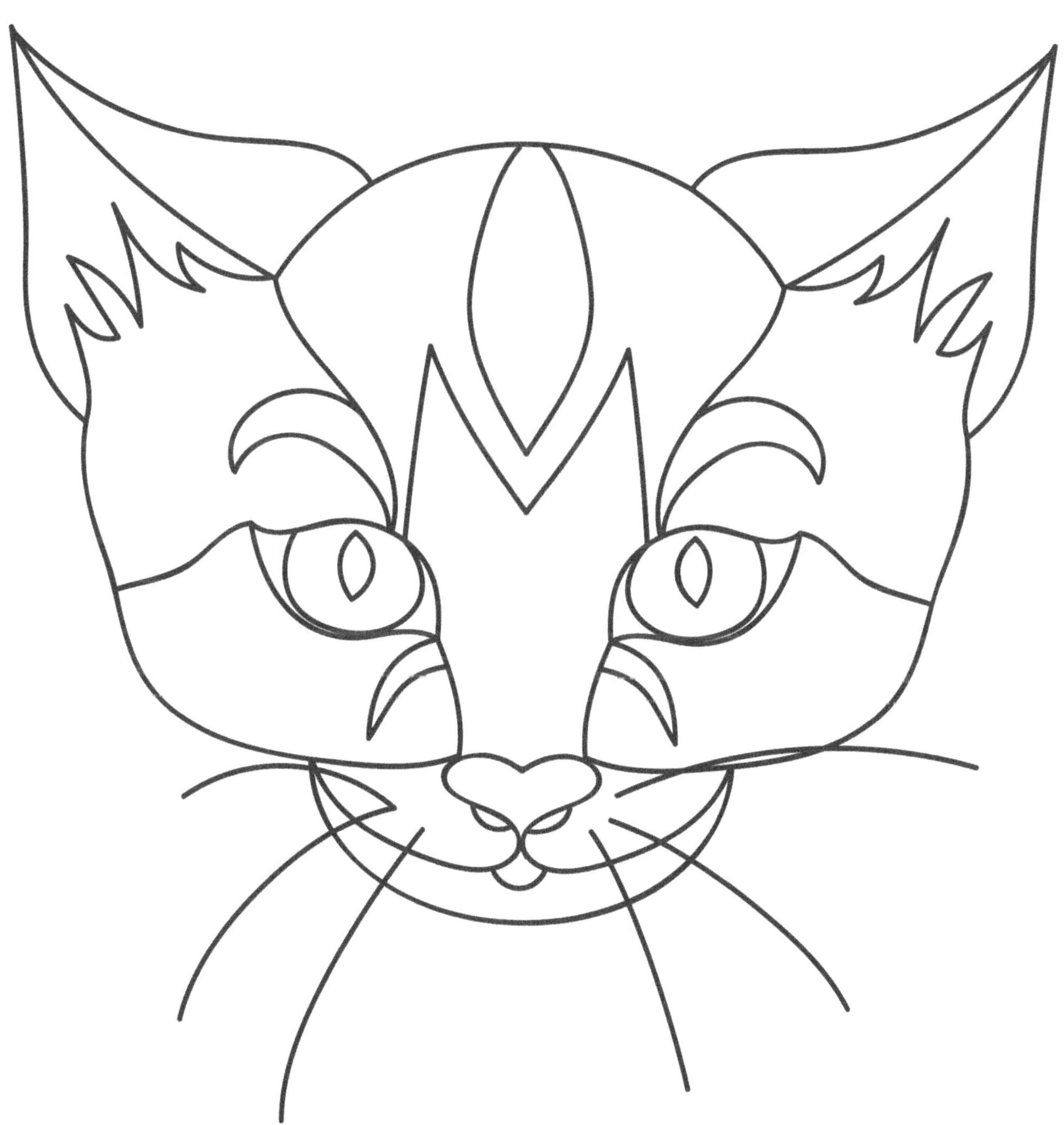

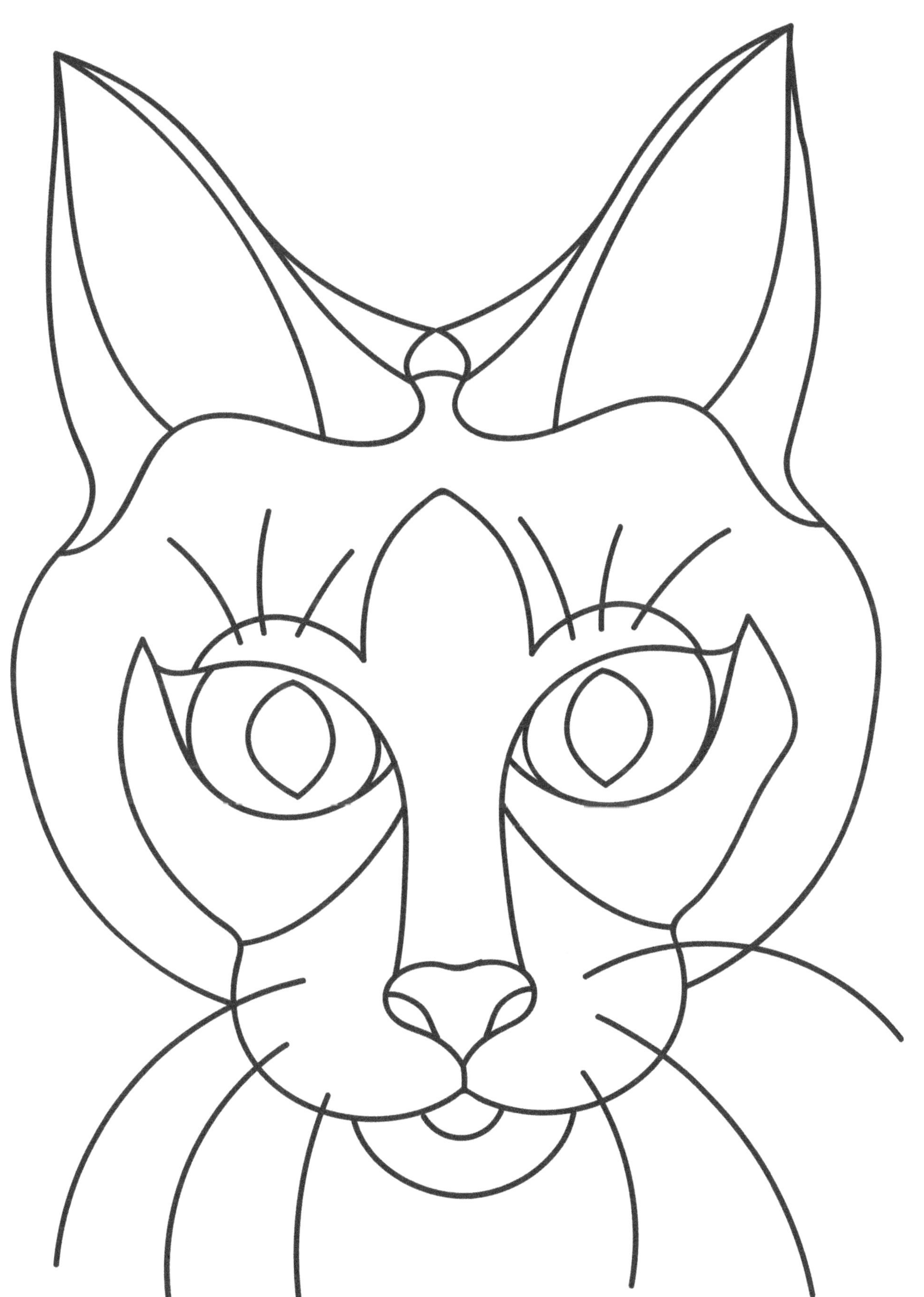

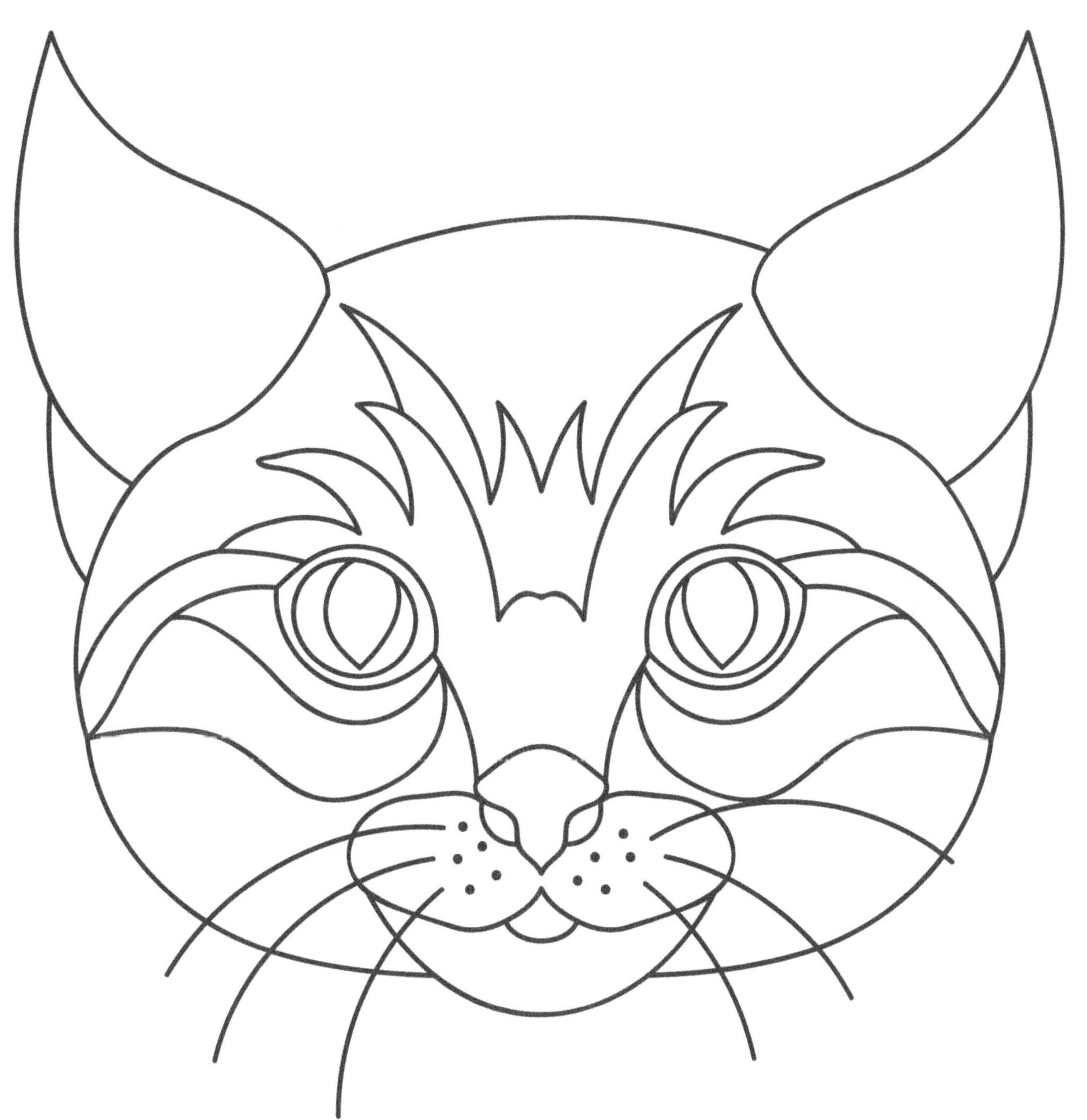

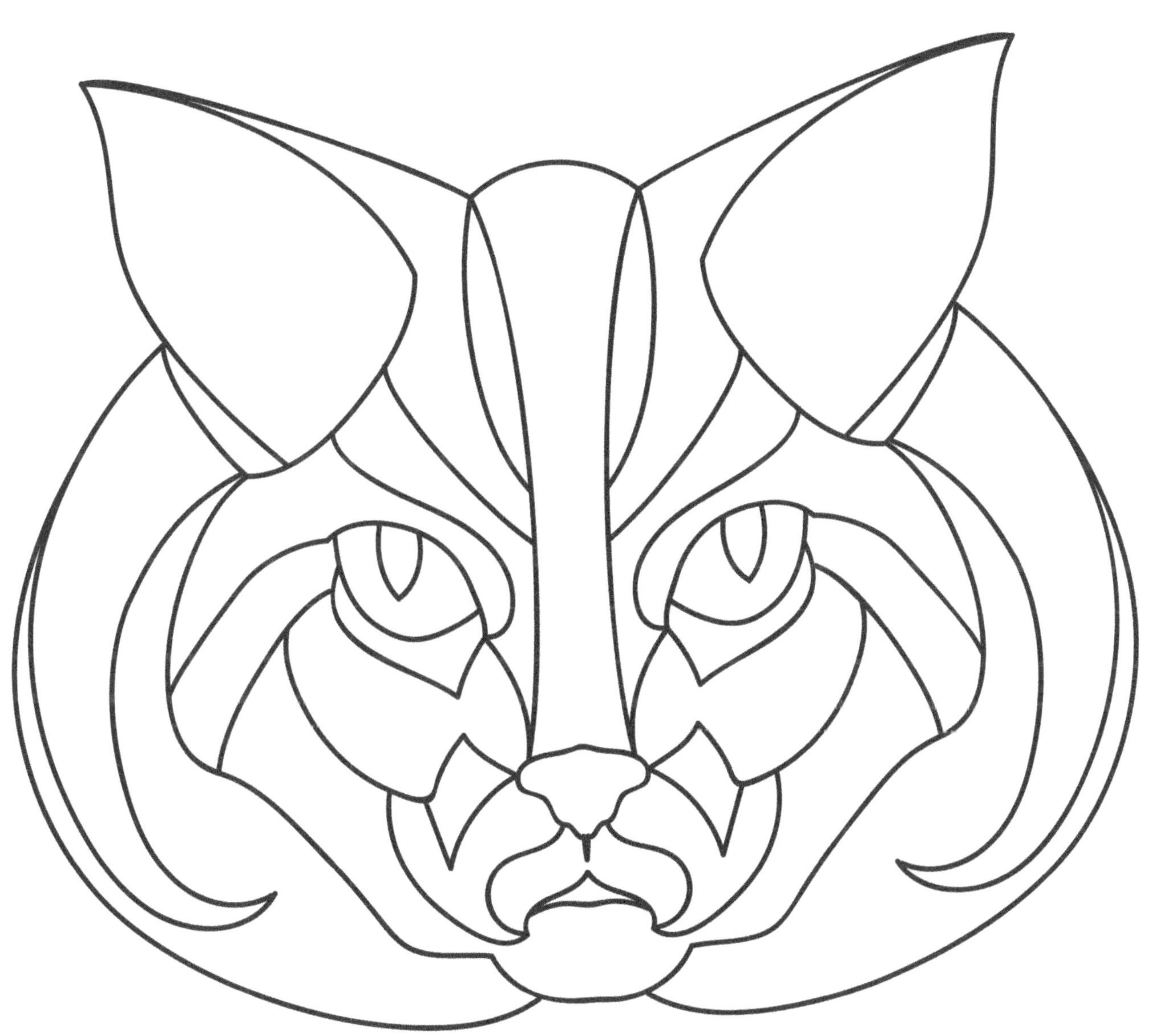

COLOR TEST PAGE

COLOR TEST PAGE